Cómo Esquiar y Arreglar las Rodillas

Charleston, SC
www.PalmettoPublishing.com

Cómo Esquiar y Arreglar las Rodillas
Copyright © 2023 by Dr. Moir Bowman,
D.C., F.I.A.M.A., DIPL. AC (IAMA)

All rights reserved

No portion of this book may be reproduced, stored in a retrieval system, or transmitted in any form by any means–electronic, mechanical, photocopy, recording, or other–except for brief quotations in printed reviews, without prior permission of the author.

Paperback ISBN: 979-8-8229-1958-7
eBook ISBN: 979-8-8229-1959-4

Cómo Esquiar y Arreglar las Rodillas

❖

Dr. Moir Bowman,
D.C., F.I.A.M.A., Dipl. AC (IAMA)

Capítulo 1 Descargo de responsabilidad: La escalada y, en particular, l escalada al aire libre es una actividad intrínsecamente peligrosa. Este libro no es un sustituto para ir con amigos, escalar dentro de tus límites o recibir instrucción profesional. Mantente dentro de tus límites; el autor y el editor no son responsables de ningún daño consecuencia negativa que resulte del uso o mal uso de la información propo rcionada en este libro.

Capítulo 2 Descargo de responsabilidad: La información proporcionada este libro sobre cómo hacer ejercicio es solo para fines educativos informativos. No pretende ser un sustituto del consejo, diagnóstico o tratamiento médico profesional. El autor es un quiropráctico con licencia, pero este libro no brinda consejos médic específicos para su situación. Es importante que los lectores busquen el consejo de un proveedor de atención médica calificado ntes de embarcarse en cualquier programa de tratamiento. El autor y el editor no son responsables de ningún daño o consecuencia negativa

*Dedicado a los hombres y mujeres
trabajadores de cuello azul*

ÍNDICE DE CONTENIDO

INTRODUCCIÓN 1

PARTE 1 la estación de esquí 47

PARTE 2 Rodillas 77

PARTE 3 85

PARTE 4 93

EPÍLOGO 101

Estuvimos montañismo en los Tetons durante el Verano. Habíamos dejado suelo seco y polvo. La línea de nieve comenzó en el Camping Meadows. Estabamos en una pendiente nevada gigante. Nunca había visto nada asi en la costa este. Era una pendiente convexa gigante. Habíamos estado sobre él durante un par de días en un intento fallido en el Grand Teton. Había 2 de nosotros, Paul y yo, y otros 2 estaban abajo en el Camping de Meadows o en algún otro objetivo más leve.

Así que descendiémos la pendiente de nieve gigante. No llevabamos crampones, sino que sosteníamos nuestros piletes en un agarre de pánico. Uno podría caer y deslizarse 1,000 pies. Pero en partes había campos de boulder que sobresalieron a través de la nieve. O árboles de verde gigantes caídos. No seriviría golpear a ésos a 30mph. Mi estómago estabe muy mal.

Arriba en lo alto se podrían ver aves vueltando alrededor del cielo azul. Nos estaban estresado. Para ellos no era nada. Estábamos operando en un pánico nauseabundo. O al menos lo era, ya que Paul tenía mucho mas experiencia que yo.

Entonces de pronto escucho un chomp, y un pisoteo; y hay un esquiador. Se lo pasa muy bien; no solo esquía pasandome, está patiendo y saltando sus esquís para ir más rápido. Aquí estaba yo en la sombría puerta de la muerte y allí estabe él, pasando el mejor momento de su vida. Iba a esquiar por la pendiente en 15 minutos que nos llevaría horas. Desde allí salía el mismo día, esquís adjuntos a su mochila. Tal vez llevaba zapatos de montaña en el paquete pequeño en su espalda.

Fue entonces cuando supe que volverse competente en las montañas significaba volverse experto en esquí. Era una decisión que se había tomado. Por lo menos, a mí; mis compañeros de escalada no estaban tan convencidos como yo.

Al regreso a la civilización, planeé mi inversión en el esquí: estudié el catálogo Black Diamond; compró un par de esquís descrito como "poder hacer todo". No recuerdo el ancho. Y comprado en encuadernaciones, también del catálogo Black Diamond: la encuadernación Suiza Diamir-Fritschi llamada "El Scout". Tienen una barra de ½" por ½" que desde el talón hasta la puntera. La empresa todavía los produce y los modifica.

Ese invierno, comenzé a ir a un estación de esquí local. Una vez con me fallecido hermano Mark. Había esqiado antes. Estaba aprendiendo. Recuerdo verlo al fondo de una pendiente azul. Me quedaba en las pistas verdes (principios). Paraece cmoo si se haya caído repetidamenteñ estabe empapado de sudor y nieva. Su cabello estaba revolucionado. Mark pareció si le havia recibido una paliza; estaba sudorado y empapado de sudor y nieve. Estava tan orgullosa de él: físico, activo, sin miedo de correr un riesgo. En esa noche no habría esquiado una pista azul.

Seguí adelante y finalmente pasé a las laderas azules y negras. Recuerdo que los trabajadores de los remontes fruncieron el ceño con desaprobación al ver las fijaciones de A.T. La varilla debajo del pie levanta las botas 1 "del esquí, pero no les presté atención y esquié bien en los diamantes negros dobles. Después de lo cual, se relajaron. Esquié esas fijaciones de A.T. por todo el complejo y usé botas grandes, pesadas y cuesta abajo con ellas. Esas fueron las únicas botas que pude encontrar que se adaptaban a mi tamaño de 15 pies.

Después de unos años de esquiar, un amigo Jeff y yo fuimos a Ruth Gorge en Alaska. Eso sería como jugar en el Super Bowl si hubiera sido un jugador de fútbol americano. Uno va a Talkeetna, Alaska; y se sienta por un día o 2 esperando el buen tiempo. Nos alojamos en un pequeño hotel de madera. Pude esquiar un poco en un camino de bomberos local. Es que uno compra pieles: tiras pegajosas y largas de nylon y mohair que son adhesivas por un lado y peludas por el otro. Y todos los pelos van en una dirección, por lo que uno puede caminar cuesta arriba. Los esquís no se deslizan hacia atrás y uno puede esquiar cuesta abajo, solo que no tan rápido como si uno se quita las pieles y se desliza hacia abajo en la superficie de esquí encerada: los esquís encerados van mucho más rápido cuesta abajo que si uno usa las pieles cuesta abajo. Pero es imposible subir una colina real sin pieles, y mucho menos ascender una ladera de montaña.

Además de las pieles, ir cuesta arriba requiere una unión AT. AT puede referirse a Alpine Touring. Es una fijación de esquí que permite que el talón se levante. Uno no podía apuntar los esquís cuesta arriba si el talón estaba bloqueado hasta el esquí. No, el talón debe elevarse hacia arriba, igual que en un movimiento de caminar. Además, hay pequeñas protuberancias o bloques de plástico que se ajustan debajo del talón para permitir que el talón descanse sobre ellos incluso mientras se levanta lejos de la base de esquí.

Allí estábamos en Talkeetna, con lo cual, después de un día o 2 de estudiar el clima, un pequeño avión nos llevó a Jeff y a mí al glaciar Ruth. El piloto voló un poco aterrador, buceando cerca de una montaña gigante, explicando que "todo fue parte de la experiencia". Salimos de la cabina y un hombre y una mujer llegaron corriendo hacia el avión, todos exasperados. "¡Hemos estado atrapados aquí 9 días esperando un avión! ¡Oh, llévanos a casa! Me falta trabajo". Nuestro piloto los obligó y nos dejó con nuestras mochilas en el glaciar. El piloto eligió un lugar seguro para que montáramos nuestras tiendas: a salvo de avalanchas. Una gran colina se sentó a un lado con una cabaña en la parte superior. Muy lejos, en medio del glaciar, se sentó un privado. Sin paredes, simplemente un asiento. Mi 1er acto fue desempolvar la nieve de mis esquís con mis propias manos; y me puse varios cortes sangrantes en los dedos. Por lo tanto, tenga en cuenta que los bordes de esquí son súper afilados.

Era imposible caminar sobre el glaciar ya que la nieve era demasiado profunda. Uno se hunde hasta el nivel de la entrepierna. Podría ser posible hacer unos pocos centímetros de progreso con cada paso. O no. Para ir a cualquier parte, era esencial ponerse los esquís. Entonces fue fácil. El glaciar era plano allí en la pista de aterrizaje.

Con los esquís podíamos deambular. Movimos nuestras mochilas a donde el piloto nos había dirigido. Jeff instaló su tienda e inmediatamente pasó unas horas cavando una cueva de nieve profunda y amplia, "En caso de que el clima se ponga malo; Vientos de 80 mph y ventiscas sin parar". Años más tarde todavía me maravillo de lo grandioso que fue ese movimiento; Aunque tuvimos un clima templado durante nuestro viaje.

Nos dieron una radio gigantesca, negra y pesada que nunca descubrí cómo operar. Hacía sonidos chirriantes alternados con sonidos estáticos.

Mientras que yo tenía nuevos esquís Black Diamond, botas de descenso, fijaciones, etc., Jeff optó por alquilar esquís. Gastó mucho menos que yo. Para ser justos, luchó con algunos alicates o una herramienta Leatherman en el glaciar; Estaba doblando o ajustando alguna deficiencia infernal de metal en sus ataduras. No fue fácil para él. Él hizo una mueca y me sentí correcto acerca de mi decisión de haber llegado con un contingente completo de equipo nuevo.

Pero Jeff podría haber tenido la última risa. Ah, también, además de tener que rasgar sus ataduras con alicates con cierta regularidad durante todo el viaje, soportó una reprimenda del piloto: "¡Tienes que alquilar todo!" Como jeff, bueno, alquiló todo. Como dije, al final, años después, cuando tomé un descanso de 12 años de escalar debido en parte a una grave bancarrota, Jeff estaba construyendo una fortuna. Durante mi tiempo de bancarrota no podía imaginar tomar ni siquiera un viaje de fin de semana a Virginia Occidental por el costo de la gasolina. Pero Jeff estaba construyendo una fortuna.

25 años después visitaría a Jeff en su casa. Era la casa más grande y hermosa en la que he estado. Había una casa de huéspedes o garaje a un lado, que era más hermosa que cualquier casa en la que haya estado, pero palideció en comparación con la casa principal. La casa no podía contener muebles normales. Los gabinetes tenían que tener 18 pies de altura. Los muebles tenían que ser tan grandes para que coincidieran con la casa. Uno recordaba a Alicia en el País de las Maravillas. Ese lugar era tan de buen gusto y fascinante como el anfitrión. Era amable y gracioso. Me sentí transportado a otro mundo, tal vez uno en el que finalmente logré todos mis objetivos y ya no tuviera ningún estrés.

Todo lo que podía hacer en su casa era caminar diciendo: "¡Este lugar parece una mierda!"

Otra cosa sobre Jeff fue que se opuso a que nuestro viaje fuera de solo 5 días. 5 días era todo lo que podía entender. Estaba tan arruinado. Y elegí 5 días pensando que el mal tiempo podría extenderlo a 9 días o 7 días. Por lo que Jeff, aunque estuvo de acuerdo conmigo y con mi mentalidad empobrecida, me humilló rotundamente al señalar que "obviamente deberíamos ir por lo menos una semana y 2 semanas sería mejor". Tenía razón en eso.

Para cuando uno vuela a Alaska, a Anchorage, come en un restaurante con vistas a los barcos con pintura azul que se despega de sus cascos, y luego vuela en otro avión para ser dejado en un glaciar, sí, 2 semanas tiene más sentido.

Por otro lado, no hay nada de malo en estar extremadamente arruinado y, después de todo, fueron 5 días en un glaciar, en 2 tiendas diferentes, con solo nosotros 2. Tal vez un viaje más largo sería mejor, tal vez con un grupo más grande de amigos. Tal vez 3 o 4 o 6 amigos diferentes.

Entonces, Jeff era más inteligente que yo en cuanto a ahorrar gastos. Mi enfoque de "el dinero no es un problema" fue en gran parte o parcialmente responsable de mi eventual bancarrota y el despido de 12 años de la escalada. No me odies, era un Capítulo 13, tuve que devolverlo todo. El capítulo 7 es donde la deuda se elimina.

Hacia el final de nuestro tiempo en el glaciar, nos encontramos con un grupo de 4 o 5 esquiadores que no eran expertos; pero fueron amables. Me había quedado sin whisky. Uno de ellos generosamente me dio varios tragos de su whisky. Recuerdo que cuando me cortó, 86'd me por así decirlo. Pero tenía razón. Después de las bebidas, todos salimos e intentamos esquiar por una pendiente de polvo.

Había un experto allí que estaba esquiando por la ladera desde la cresta de la cumbre de esa pequeña montaña. Constantemente saltó el bergschrund. Traté de esquiar cuesta abajo, igual que el otro grupo de 4 o 5 estaba haciendo: fallé. Podría ir 4 o 5 pies antes de colapsar en el polvo. Ahora, 20 años después, sospecho que mis delgados esquís podrían haber sido al menos parcialmente responsables.

Al final de esa noche, después del whisky y después de caer repetidamente en la nieve en polvo, me metí en mi tienda y en mi saco de dormir. Estaba hipotérmico; evidenciado por eso me metí en mi expedición menos 60f saco de dormir. Por cremallera, quiero decir que lo cerré por completo. La temperatura exterior estaba en los 30f. Dormimos temprano. A la 1 o 2 de la madrugada, recuerdo que finalmente sentí calor y desabroché parcialmente la bolsa.

No creo que alguna vez haya cerrado completamente esa bolsa, incluso durante los viajes de escalada en hielo de -20f. Pero esa noche, estaba helado hasta los huesos: altamente peligroso. Y gracias al tipo que me cortó cuando lo hizo de seguir consumiendo whisky.

Y gracias a él por compartir conmigo, en un remoto glaciar de Alaska: impresionante.

Años más tarde casi consigo que Jeff fuera a New Hampshire conmigo y le dije que comprara enredaderas de hielo para nuestro ascenso al monte Washington. No, hasta ahora, nunca lo he hecho cumbre. Jeff nunca compró las enredaderas. Los compré y los usé una vez en la acera fuera de mi casa.

Me metí en las apuestas deportivas años más tarde e intenté sin éxito arrastrar a Jeff a eso conmigo. Aconsejó no hacerlo. Solo perdí.... no estoy seguro, probablemente menos de $ 1,000 antes de darme cuenta de que era imbatible. El 10% extra que uno pierde cuando se equivoca lo hace imbatible.

Tengo un amigo que se ganaba la vida apostando béisbol, pero trabajaba en él 60 o 70 horas semanales. Y desde entonces ha pasado de eso a una posición remunerada alta en la industria de las apuestas deportivas.

Mi punto es que Jeff era inteligente y el montañismo es caro. Sin embargo, se puede hacer de manera eficiente y no tiene que hacerse de la manera en que solía hacerlo. Sigue el ejemplo de Jeff, no el mío.

Las fijaciones de AT Fritsche Scout podrían estar pasando de moda. Pero son fáciles de entrar. Tienen una abrazadera de mandíbula en la parte delantera y trasera. Si uno entra y sale de los esquís durante todo el día, serán muy fáciles de usar. Cuando volví a esquiar, los volví a comprar. Se sentaron en una habitación durante 6 meses antes de que viera las nuevas encuadernaciones de estilo en un sitio web, con lo cual devolví las encuadernaciones de Scout.

Las fijaciones Scout son fijaciones de marco, lo que significa que se levantan con el talón fuera del esquí: toda la unión se levanta del esquí. Y eso es pesado. Además, la abrazadera de la mandíbula del dedo del pie no coincide con las fijaciones modernas de Dynafit. El pivote de las fijaciones scout se encuentra demasiado delante de la bota de esquí, y esto cansará al esquiador en un largo día. Están siendo reemplazados por las fijaciones Dynafit: 2 conos de acero de las fijaciones se adhieren a 2 pequeños agujeros en forma de cono de acero en la punta de la bota de esquí. Pero las encuadernaciones Scout todavía se están haciendo y vendiendo. Y son más fáciles de entrar que las fijaciones de Dynafit. Estoy mejorando lentamente con mis fijaciones Dynafit.

Pero ha sido un proceso. La primera vez que saqué mis fijaciones Dynafit fue para dar un paseo por Leesburg, VA, durante una de nuestras "tormentas de nieve una vez en invierno". Y sobre todo fue un ejercicio de lucha con la vinculación. La siguiente vez que utilicé la unión Dynafit fue en New Hampshire en el sendero de Cherburgo: era -1f con un viento de 70 mph, con ráfagas de 85 mph. Y mi incapacidad para hacer clic rápidamente en las fijaciones de Dynafit fue un factor en mi casi no regresar de esa salida.

No estoy seguro de por qué compré mis esquís sin ningún consejo de las tiendas locales. Me ha dejado con varios esquís, pero todavía quiero un esquí de 95 mm para las laderas de nieve artificiales llenas de baches y fangosos que tenemos aquí en el este. En serio, desde el principio, debería haber ido con el consejo de una tienda de esquí local. Y me recomiendan los esquís de 95mm que ahora quiero para poder bajar por las pistas azules sin caerme.

Y cuando finalmente recibí ayuda de tiendas de esquí en Jasper, Canadá; el vendedor me explicó mi verdadero tamaño y la bota exacta que necesitaba. Si hubiera comenzado con su consejo, podría no haber perdido las uñas de los pies dos veces. Tampoco me quedaría con un par de botas extremadamente caras, casi invendibles en mi armario. Las tiendas están llenas de expertos; Expertos amables, conocedores y humildes: comience allí. Ve a una persona en una tienda.

Si revisamos mi discusión sobre el esquí, fue: compré esquís, compré fijaciones AT y luego fui al viaje de Ruth Gorge, AK. El punto es que si uno positivamente tendrá solo 1 par de esquís, entonces continúe y obtenga fijaciones AT porque puede usarlas en la estación de esquí y en el campo. Pero después de mi despido de 12 años, al volver a entrar en el esquí, compré una encuadernación estrictamente alpina o de esquí alpino y alpino (para usar en estaciones de esquí). Y luego se ramificó en el enlace AT. Recuerde que las fijaciones AT requieren máscaras; Y si vas a salir al campo, debes tener una baliza de avalancha, una pala, una sonda, probablemente una bolsa de aire y, con suerte, 2 o 3 socios.

Durante mi 1er esfuerzo en el esquí, antes de la bancarrota, no había bolsas de aire para avalanchas. Pero había un tubo en un chaleco y se suponía que ese tubo ayudaría a respirar si estaba enterrado en una avalancha. No creo que nadie haga este producto más. Ha sido reemplazado por bolsas de avalancha aérea de $ 1,000 a $ 1,800.

No soy un experto. Esquié 7 veces el invierno pasado (gripe). Y 1/2 camino a través de este invierno, he estado fuera dos veces. Permítanme compartir mis recientes 2 aventuras en el interior de Canadá.

Por alguna razón decidimos visitar las montañas Selkirk en Canadá en enero de 2023. Vi en un sitio web que el glaciar Crowfoot en Alberta, Canadá, era "un gran lugar para esquiar en días de alto peligro de avalanchas". Había volado a Canadá el día anterior y salí el día 2 al mirador del glaciar Crowfoot. Había varios autos con esquiadores estacionados a lo largo de la carretera. Me acerqué y pregunté: "¿A dónde voy y qué hago?"

Y esos esquiadores me dieron la versión beta sobre: "Bueno, todo el terreno de avalancha de esta área y uno debería tener una pala, una sonda y una baliza para ir a esquiar aquí", dejando cortésmente la bolsa de aire que cuesta más de $ 1,000. Pero más tarde, todos los que vi ese día llevaban una bolsa de aire para avalanchas. Todos allí tenían uno. Tal vez había 8 esquiadores parados por allí. Fueron educados y serviciales, aunque fueron bruscos cuando expliqué cómo pensaba que esta área estaría a salvo de avalanchas.

Otro esquiador me aconsejó que "la parte más empinada está justo aquí al borde de la carretera; Más allá de eso, es más suave". Gracias, amable señor, por sus útiles consejos. Para cuando me puse las pieles en mis esquís, me metí en mis botas y en mi mochila, ensamblé mis bastones, etc., yo era el único en la carretera. Efectivamente, hubo una fuerte caída desde el camino hacia el bosque. El tipo de caída que es demasiado empinada para esquiar. Pero los esquiadores expertos pueden volar directamente por él. Entonces, comencé a bajar la empinada pendiente e inmediatamente mi esquí se desprendió.

Era la 1ª vez que esquiaba con esos esquís y fijaciones de esquí. Se me ocurrió que tal vez había configurado el mecanismo de liberación demasiado ligero y que la fijación del esquí podría liberarse continuamente sin ninguna presión sobre ella. Y no tenía destornillador para apretar la fijación.

Hasta ahora, he usado los enlaces Tecton 12 o Tecton 13. Y para ellos, así como para todas mis fijaciones de descenso (estación de esquí), siempre pongo la fijación en el ajuste más ligero posible. Nunca he tenido ningún problema con esto. Probablemente porque tengo piernas largas, altas y extremadamente delgadas. Los dispositivos con resorte y los fabricantes de esquís están calculando las fuerzas de liberación en función del promedio de piernas, tobillos y pies.

De todos modos, inicialmente me preocupaba que las fijaciones se soltaran ridículamente fácil y que nunca conseguiría los esquís para soportar mi peso. Obviamente, no era óptimo usar los esquís y las fijaciones por 1ª vez en una excursión de esquí solo debajo del mirador del glaciar Crowfoot.

Estaba deseando haber traído un destornillador para poder ajustar (apretar) las fijaciones de esquí. Pero resultó que simplemente había enganchado las encuadernaciones incorrectamente y la configuración más ligera era completamente adecuada para mi uso. Pero vale la pena recordar que tal vez valga la pena llevar un destornillador ligero.

Para cuando salió el esquí, estaba a 20 pies por una colina empinada en polvo de nieve de 5 pies de profundidad. No estoy seguro de haber podido volver a subir la colina sin mis esquís. Y no pude, a pesar de todo el esfuerzo que pude reunir en este mundo, conseguir que mi bota derecha volviera a hacer clic en la fijación del esquí. Recuerda que el invierno anterior solo había salido 7 veces y de esas veces solo había usado los esquís fuera de pista una vez. Y eso fue una vez en un complejo donde la nieve es empacada todas las noches por máquinas gigantes.

Aquí no había una superficie firme sobre la que pararse; Era nieve profunda, suelta y no consolidada. Después de 15 minutos de no poder volver a ponerme el esquí, se me ocurrió un plan para caminar / revolcarme colina abajo hasta el área plana en la parte inferior de la colina. Una vez allí, el terreno se niveló. Pude volver a ponerme el esquí. Parte de la ayuda fue que otros esquiadores habían empacado un poco de nieve allí y pude semi-pararme en parte de la nieve más dura.

Resulta que el esquí se desprendió porque no me lo había puesto correctamente; No se debió a que la primavera no estuviera lo suficientemente apretada. Resultó que la configuración más ligera era correcta para mí. Una vez que me puse los dos esquís, me alejé de la carretera, siguiendo las huellas de los esquiadores anteriores.

Temía que el esquí se desprendiera porque no quería pasar otros 20 minutos poniéndome el esquí de nuevo. Y la nieve era profunda, suelta y esponjosa. Si me salía de la pista de piel, caía en la nieve y no podía volver a levantarme. Pude, pero me llevó mucho tiempo y todas mis fuerzas. Me hundí profundamente en la nieve polvorienta y no había nada firme al que agarrarme o empujarme.

Alguien me dijo hace años que cruzara mis 2 polos en una x y empujara eso. Por cierto, incluso en una pendiente de nieve llena en un resort, es imposible volver a poner el esquí a menos que ese esquí sea el esquí cuesta arriba. Si un pie está en la atadura del esquí y el otro pie ha salido, para volver a poner el pie que está fuera en la fijación, ese esquí debe estar cuesta arriba. Si está en el lado cuesta abajo, nunca se puede volver a poner el esquí en el maletero.

Y esto también se aplica en el campo. Seguí las huellas de los otros esquiadores durante una hora o 2. Salieron a través de un lago. Esperaba que el lago estuviera congelado porque caer a través del hielo sería fatal. Pero otros esquiadores habían ido allí y yo lo seguí. Pero finalmente, sentí miedo de cortar directamente a través del lago, aunque la mayoría de los esquiadores lo habían hecho. En cambio, me arrastré por pistas menos usadas que abrazaban la orilla del lago.

No pude conseguir que una de mis ataduras entrara en modo caminar. Primero fue un pie y luego fue el otro. No pude hacer que el talón se levantara en modo de caminata. Un pie lo haría, pero el talón del otro pie estaba bloqueado en el esquí como si estuviera listo para esquiar cuesta abajo.

Entonces, estaba agrupándome con una marcha normal en un pie, pero deslizando el otro lo mejor que pude mientras el talón estaba bloqueado en el esquí. Pude desenganchar mi bota de la atadura, pero al caminar de nuevo, la bota se bloqueó en el talón nuevamente. Un pie tenía el talón libre para permitir una marcha normal al caminar, mientras que el otro pie estaba bloqueado en la atadura.

Y el pie libre fue una vez mi pie izquierdo y luego se convirtió en el pie derecho. Y me incliné hacia abajo y hacia atrás y tiré hacia arriba con gran fuerza sobre la atadura, pero no pude levantar la marcha de la atadura. Tiré con fuerza. Pensé en un antiguo guerrero tratando de levantar un arma de la tierra o una roca.

Decidí preguntarle al siguiente esquiador que vi, a pesar de la naturaleza extremadamente vergonzosa de la pregunta: "¿Cómo consigo que esta unión entre en modo de caminata?" Y me preocupaba si podría volver a subir la colina ya que un talón estaba bloqueado en la fijación del esquí. "¿Qué pasa si no puedo volver a subir esa colina?"

En un momento dado, la mayoría de las pistas de esquí cruzaban el lago, pero yo, siempre cauteloso, decidí arrastrarme a lo largo de la orilla; en el lago pero cerca de la orilla. Tenía miedo de caerme. Una vez que salí de las pistas de esquí principales, las pistas auxiliares estaban significativamente más nevadas y menos definidas. Y empecé a perder el equilibrio; los esquís se deslizaban fuera de la pista y me caía. Podría sumergir el bastón de esquí en la nieve blanda de unos 2 o 3 pies y golpearía el hielo congelado de la superficie del estanque. Mientras que en la pista de esquí principal, los bastones golpeaban la nieve helada a ambos lados de las pistas.

Finalmente, llegué a un callejón sin salida que me permitió sentarme de lado sobre el árbol caído sin tener que quitarme los esquís. Sentí que tal vez no podría volver a ponerme los esquís; o si lo hiciera, que tomaría 25 minutos. Descansé un rato en el callejón sin salida. Hacía frío. Anteriormente había estado sudando en mi traje de esquí de 1 pieza con múltiples capas de ropa debajo. Pero una vez que me detuve, hizo frío, asustándome.

Aproximadamente a 1/2 milla de distancia, al otro lado del lago, vi 3 figuras, 3 esquiadores de fondo.

Habían tomado la ruta tortuosa en la que yo estaba, aunque estaban muy por delante de mí.

En retrospectiva, debería haberme quitado la piel una vez que llegué al lago plano. Podría haberme deslizado mucho más rápido.

No pude descansar durante 1 hora porque hacía demasiado frío. Y me preocupaba subir la colina y si los esquís funcionarían normalmente. Cuando regresé, no sé cómo, pero había conseguido que ambos esquís funcionaran en modo de caminata.

Seguí las pistas de esquí por el camino que vine y pronto me confundí en cuanto a dónde venía. Alguien familiarizado con esas montañas no se habría perdido, pero no había examinado los alrededores de la montaña porque había estado muy ocupado luchando contra las ataduras. Había muchos senderos que iban en diferentes direcciones. No se veían esquiadores. Era de día pero muy oscuro, nublado y frío.

Al final resultó que, aunque pensé que había empacado mi unidad GPS, no lo había hecho. Recordé haber marcado en mi lista que lo tenía. Más tarde, en casa, descubrí que no había marcado el GPS, sino que había puesto un signo de interrogación junto a ese elemento. Recordé incorrectamente haber sacado las baterías de la unidad para poner baterías nuevas. Nada de eso había sucedido. La unidad GPS puede mostrarme, si tengo gafas, de dónde vengo.

Pero elegí los senderos correctos y experimenté alivio al recuperar las pistas de esquí más planas y usadas. Al menos inicialmente, pero a medida que pasaba el tiempo, me perdí y confundí sobre qué pistas de esquí iban a dónde. Todo esto fue en un lago. Probablemente los esquiadores locales sabían que el lago era sólido como una roca seguro para esquiar. Pero no lo hice. El paso de abrirse paso en esa agua oscura y helada fue desagradable.

Donde estaba perdido, los esquiadores locales navegaban fácilmente de regreso al automóvil o a cualquier pista de esquí que estuvieran buscando. Como explicó un hombre que tomó una cerveza conmigo en un bar más tarde esa semana, "la escala de las montañas aquí es tan grande que es imposible perderse". Se refería, hace mucho tiempo, cuando había coronado 2 de las montañas más grandes de la cordillera. Había dormido en cuevas de nieve. Él y su compañero tenían una cuerda de 6 mm para el rescate de grietas.

Probablemente si hubiera conocido las montañas, no me habría sentido perdido. Pero había salido del auto concentrado principalmente en mis ataduras. Solo miré a mi alrededor a las montañas una vez que me di cuenta de que estaba perdido. Y me imaginé que el camino de regreso al auto debía ser "allí". Y así fue. Pero fue bastante traumático darme cuenta de que no lo sabía con certeza: en el día sombrío, oscuro y frío. En polvo espeso. Y de alguna manera las partes que habían quedado delante de mí ya no eran visibles ni audibles.

Ese fue uno de esos momentos que, a mi regreso a Virginia, me hicieron "tomarme un momento". Me dio trastorno de estrés postraumático. Pero ese día, me metí en los pinos y encontré las pistas correctas y regresé por el camino correcto.

Cuando llegué a la colina por la que había estado tan preocupado, la superé con facilidad. Las pieles funcionaron muy bien. Para entonces estaba libre de talones en ambos esquís. Esa fue una pequeña diversión divertida.

Regresé a la habitación del hotel. Esa noche vi un video de YouTube sobre cómo operar las fijaciones. Uno simplemente tira hacia arriba en el mango trasero, pero mientras que el talón de la bota no está sentado en las fijaciones. Esas son algunas ataduras duras, y tuve la suerte de no haberlas roto.

Una vez que regresé a casa, encontré la unidad GPS (junto con mi brújula) sentada en un paquete de senderismo.

He puesto todos los componentes electrónicos en una bolsa dentro del paquete de bolsas de aire de avalancha "el paquete avy": la unidad GPS, la baliza de avalancha, el dispositivo Garmin in Reach y la brújula. Hay demasiados artículos pequeños para recordar, así que los guardaré juntos en una bolsa. Con suerte, también pondré algunas gafas de lectura potentes en el estuche porque ninguno de esos artículos funcionará si no tengo mis gafas.

Y me prometí a mí mismo por 3 millones de veces que iría al edificio del Servicio Geológico de los Estados Unidos en Reston y compraría mapas topográficos y practicaría con la unidad GPS. Lo he usado durante 20 años, pero nunca descubrí cómo identificar exactamente dónde estoy en un mapa. Se puede hacer. Pero incluso sin esa capacidad, si tengo gafas, el GPS puede mostrar la dirección de un punto de partida siempre que marque el punto al inicio del viaje.

Sabía cuando empecé ese día que no tenía el GPS conmigo. Pero pensé que sería capaz de esquiar en la misma zona de una manera segura sin perder el rumbo. Y no me di la vuelta totalmente, pero estaba lo suficientemente confundido como para que la experiencia fuera traumática. No hubiera querido quedarme atrapado en ese frío en un lago congelado. No sé si me habría acordado de que llevaba conmigo el dispositivo Garmin al alcance. Ciertamente no hubiera querido pedir un rescate satelital. Sería mejor que una muerte por congelación, pero no por mucho.

También lamenté no haber seguido mi regla el invierno pasado: (gripe) de entrar y salir de las fijaciones de esquí al menos 100 veces en la casa para familiarizarme con ese proceso; y para partir y volver a empacar el aire dos veces cada temporada de esquí.

No apreté mucho mis botas Scarpa Maestrale y descubrí, igual que hace 2 temporadas, que me he ensangrentado la base de la uña del pie gordo izquierdo. Ahora perderé la uña durante un período de varias semanas. Más adelante en el viaje fui a una tienda donde un gerente de ventas me señaló que los Scarpas tienen (recordé haberlo visto yo mismo una vez que lo explicó) 3 orificios de pernos vacíos para cambiar los pestillos de apriete para hacer que la bota sea más apretada.

Y el vendedor me advirtió que no pusiera las solapas de la bota incorrectamente para no romper el plástico. Siempre he puesto las solapas incorrectamente y lo hice en el lago. El plástico está un poco deformado y doblado. Por supuesto, esto fue a las 5:50 pm y la tienda cerró a las 6 pm. Busqué las pequeñas llaves de bota para modificar la colocación del pestillo yo mismo, pero había dejado las llaves en casa. Recordé haber pensado: "No, no los necesitaré; Estas botas están bien".

Eso significaba que tenía que esperar hasta la mañana siguiente a las 10 de la mañana para que abriera la tienda. El gerente movió las hebillas con un dispositivo de llave Allen sin cargo para mí a la mañana siguiente. Fue muy amable. Lo que me hizo sentir más avergonzado por haber cerrado mis botas con las solapas colocadas incorrectamente. Piense, por ejemplo, en atarse las zapatillas de tenis pero con la lengüeta del zapato sobresaliendo de un lado.

Ahora lo tengo resuelto, pero podría olvidarlo para el próximo invierno. Le expliqué al gerente: "Soy terrible en todos los aspectos del deporte: escalada en hielo, escalada en roca, esquí, etc. Pero practico todos los aspectos del deporte". Y se alegró al escuchar eso de mí. Ya no me sentía avergonzado.

Por cierto, esperar hasta las 10 de la mañana del día siguiente terminó efectivamente para ese día, mi último día, cualquier oportunidad que tuviera de ir a esquiar. Tal vez fue lo mejor, ya que estaba severamente agotado a mi regreso a casa después de las vacaciones.

No quería esquiar con uñas gordas ensangrentadas; bueno, lo habría hecho hasta que escuchara que las botas podían ser corregidas. Una vez que escuché eso, decidí olvidarme de esquiar con las botas sueltas y arreglarlas.

Para ser claros, conocí al gerente de esquí 2d después de mi día de esquí 2d.

Podríamos categorizar mi aventura cerca del glaciar Crowfoot como diversión tipo 2: no fue divertida mientras la experimentaba; pero se volvió divertido más tarde una vez que volví a la civilización y recordé el paisaje, la vista de los glaciares y las desalentadoras montañas y pinos canadienses a mi alrededor.

Ahora, sentado en mi silla e-z, el recuerdo de esas montañas oscuras me llena de paz. Quiero volver y llegar a las pistas de esquí a las que habían ido los otros esquiadores. Recuerda que en mi historia, solo había esquiado en el lago plano, y solo había recorrido aproximadamente 1/3 del camino alrededor del lago. Al otro lado del lago había colinas y montañas donde los otros esquiadores se dirigían a despellejarse y luego esquiar.

En 1 tienda en Jasper, un gerente midió mis pies en un árbol de zapatos que tenía una lámina electrostática y me prometió que era un verdadero 31.5. Los Scarpas eran un 32.5 pero en su mayoría cavernosos en comparación con mis pies. El gerente sugirió, como medida de emergencia, que podría intentar usar calcetines dobles. En el momento de esa prueba, estaba en shock postraumático y de alguna manera convencida de que mis botas eran demasiado cortas.

El gerente me aconsejó que cambiara a una bota Salomon 31.5 que sería más delgada y tenía 4 hebillas seguras y un interruptor mejorado para cambiar entre el modo de caminata y carrera. Solo unos días después dejé de entrar en pánico lo suficiente como para considerar que el gerente de la bota de esquí podría saber de lo que estaba hablando.

Encontré un par de botas Salomon 31.5 y las usé en una estación de esquí. Es perfecto, pero debo usarlos en las montañas para saber con certeza que son correctos para mis pies.

Cuando el gerente de esquí midió inicialmente mis pies, me informó que tenía un 31.5, pero no tenían ese tamaño en la tienda. Aquí mi pensamiento no estaba muy claro: pensé que simplemente quería venderme una bota y eligió el tamaño 31.5 arbitrariamente, ya que ese era el único tamaño que podrían venderme. Estaba paranoico y no pensaba con claridad.

A medida que ha pasado el tiempo, ha quedado claro que el gerente de la tienda de esquí (1) se tomó el tiempo para medir cuidadosamente mis pies en un sofisticado dispositivo de tamaño; y (2) fue totalmente desinteresado y servicial conmigo. Encontré las botas Salomon 31.5 que recomendó: también, como señaló, esas botas se pueden calentar en un horno y dimensionar mis pies.

Estaba paranoico y negativo porque sufría de estrés postraumático por mis experiencias en el campo. Es difícil transmitir aquí la presión que sentí al preocuparme por no poder volver al coche; 1º en Crowfoot Glacier cuando no sabía si mis ataduras funcionarían, si podría volver a subir la colina con los talones bloqueados en las ataduras, y si podía encontrar el camino correcto de regreso al área de estacionamiento.

Me he perdido a 1 hora de mi automóvil aquí localmente en el sendero de los Apalaches en Virginia, en un sendero que he caminado una docena de veces. Había un refugio que no había visto, un letrero con indicaciones que eran inútiles, un estacionamiento que nunca había visto, puestos de caza en los árboles mientras me equivocaba en la propiedad privada, etc. Finalmente, me dirigí en cierta dirección por pura intuición y funcionó bien.

Mi punto es que la fatiga y el estrés en las montañas confunden agresivamente el pensamiento de uno. Y el miedo, las consecuencias de lo mal que pueden ir las cosas si van mal, que la presión se acumule y cause un moretón en la mente de un esquiador o excursionista vulnerable.

Mi salida 2d fue a los calvos en el lago Maligne. Durante el ascenso del sendero me preocupaba no poder esquiar con éxito por el camino del fuego. ¿Qué pasaría si tuviera que bajar de camina? ¿Cuánto tiempo tomaría? ¿Qué pasa si caigo con fuerza y me rompo un hueso? ¿Qué pasaría si la nieve resultara demasiado blanda para caminar sin mis esquís? Y en cada lugar, hacía frío durante los descansos de 10 minutos: ¿qué pasaría si tuviera que pasar la noche afuera?

Esta presión, a la vez seductora y horrible, se acumula implacablemente a medida que pasan las horas. Y no es que mi situación fuera peligrosa de clase mundial: los canadienses locales verían la misma posición como puramente agradable, simplemente un paseo por el parque, todo en una aventura de un día. Por otro lado, he estado visitando las montañas durante la mayor parte de mi vida, entreno duro para un atleta no profesional y soy más hábil en las montañas que la persona promedio.

Pero el miedo y el temor que se acumularon en mi cerebro se derramaron en un pensamiento poco claro sobre el consejo lúcido del vendedor. Además, había ensangrentado y dañado las uñas de los pies en mis pies. Eso es una lesión. Eso empujó mi sensación de temor y preocupación sobre si sería capaz de seguir practicando esquí de travesía. Hay algo acerca de lastimarse, de que las cosas salgan mal, cuando no hay nadie alrededor, excepto pequeñas ardillas oscuras y nieve blanca profunda.

No estoy orgulloso de mi paranoia y malos sentimientos hacia el gerente de ventas experto, pero quería compartirlos como un ejemplo de lo que el cerebro hará bajo presión en el desierto; Cómo ese estrés deformará el pensamiento de uno durante varios días después de sobrevivir a la experiencia.

2 temporadas antes llevé mis nuevas fijaciones y esquís Dynafit al Monte Washington. Tuvimos una semana en North Conway, y pensé en dirigirme al famoso barranco Pinnacle y así sucesivamente. Me desperté a las 2 de la mañana, empaqué y me dirigí al estacionamiento en Mt. Washington. Decidí subir por el camino hacia el monte Washington y esquiar por el sendero de bomberos de Cherburgo. No había salido en invierno real en un tiempo y subestimé seriamente el frío del Monte Washington.

Tenía una chaqueta hinchada y pantalones en mi mochila avy. Pero los pantalones que usé ese día eran Long Johns ligeros cubiertos por un pantalón activista elástico ligero. Calculé que subir la colina sería un trabajo caliente y lo fue. Pero los descansos de 10 minutos fueron fríos y, a medida que avanzaba el día, me enfrié mucho.

Luché con la pequeña hebilla metálica en el paquete avy (1ª vez usando el paquete). Mi sombrero (pasamontañas de gorila) era misericordiosamente a prueba de viento, pero seguía girando alrededor de mi cabeza y limitando mi visión. En el camino por el sendero, adiviné una bifurcación indescriptible en el sendero y afortunadamente estaba en lo correcto. Una familia de un padre, su esposa, un hijo de unos 30 años y una niña pequeña pasaron junto a mí.

"Estaré allí", respondió sombríamente. Cerca de la parte superior del sendero, me pasaron muchos jóvenes joviales en edad universitaria. Además, había una pareja joven que se dirigía con paquetes llenos obviamente preparándose para pasar la noche. Sí, puedo acampar en esas condiciones (ver mi saco de dormir clasificado a -40f debajo de mi cama). Pero fue impresionante verlos. Las temperaturas eran de aproximadamente -1 ° f y había un viento de 60 mph, especialmente a medida que subíamos la montaña.

Estaba luchando terriblemente con las fijaciones Dynafit: el esfuerzo de conseguir que los 2 cuernos de metal entraran en los 2 pequeños conos en la punta de la bota de esquí fue extremadamente difícil. Durante mis breves descansos me congelé. Mi GU, el tamaño grande de 15 porciones, estaba demasiado frío para salir del contenedor. Era como si tuviera demasiado frío para detenerme y ponerme el abrigo y los pantalones calientes. No sé por qué no pensé en hacer eso.

Finalmente, en la parte superior del sendero, las cosas comenzaron a desmoronarse. Había una cabaña grande y cerrada con un porche donde unos 6 esquiadores estaban tomando un descanso. No fui al porche porque no sabía si podría volver a ponerme los esquís si me los quitaba. Entonces, me acosté en la nieve a 20 pies de distancia del porche. El viento estaba pateando a más de 60 mph y soplando nieve con él. Durante mi descanso de 10 minutos, los jóvenes esquiadores salieron del porche, se engancharon a sus esquís y me pasaron.

Me preguntaron si estaba bien, y les di el gran gesto de pulgar hacia arriba. Yo era tan parecido al médico de la película Everest que estaba sentado allí, inmóvil, sin apreciar el peligro en el que estaba. Era una situación peligrosa. Los jóvenes esquiadores desaparecieron expertamente por la carretera de fuego de Cherburgo. Cuando me levanté de acostarme (para mantenerme sujeto a mis esquís), me fijé en mis talones para el descenso y apunté mis esquís hacia abajo para caer en la carretera de fuego de Cherburgo.

Había un pequeño arroyo con agua corriente que traté de evitar, pero metí los esquís parcialmente. Y luego el agua en la parte inferior de los esquís hizo que se formara una gruesa corteza nevada en la parte inferior de los esquís. No podía deslizarme en absoluto. Intenté raspar el borde de un esquí contra la parte inferior del otro. Finalmente, froté la parte inferior de los esquís contra algunos pinos y eliminé la corteza nevada que se había formado en la parte inferior.

Con frecuencia me quitaba los guantes tratando de sujetar las botas en las fijaciones, tratando de colocar el clip del talón en la posición adecuada para caminar o esquiar, etc. Las pequeñas palabras "caminar, esquiar, entrar" en las fijaciones estaban oscurecidas por la nieve. Mis pantalones seguían resbalando. Finalmente, comencé a descender por la carretera de Cherburgo. Traté de ir despacio, pero el camino era demasiado empinado. Las ráfagas de viento de 80 mph me empujan por detrás, empujándome cuesta abajo. Volé fuera de la carretera hacia los árboles. Se desprendió un esquí. Un pie se hundió en 4 pies de nieve en polvo mientras que el otro pie estaba parado sobre hielo duro. Una vez más, me quité los guantes para ayudarme a volver a las ataduras.

No podía esquiar por la carretera porque era demasiado empinada. Volaba fuera de control cada vez que bajaba. Como explicó más tarde un vendedor de la ciudad, "esquiar diamante negro en un resort no significa nada en el camino del fuego". Me caía una vez que me descontrolaba para no seguir acelerando y experimentar una caída cada vez más dura fuera de control. Durante las cataratas perdía un esquí y pasaba tanto tiempo tratando de volver a ponerlo.

Finalmente, después de una hora o más, renuncié a esquiar por la carretera y me quité los esquís. El paquete avy tenía un sistema de transporte para los esquís, así que no tuve que llevarlos. Me había apretado la bota izquierda, pero debido al estrés, el viento y el frío, nunca llegué a apretar la bota derecha. No tenía enredaderas de hielo ni crampones y fue un desafío caminar por el camino nevado a veces súper helado y a veces súper profundo. Pasó mucho tiempo.

La peor pesadilla de todas llegó cuando, efectivamente, aquí vino la familia con la que me había cruzado despellejando el sendero. Primero fue la niña, luego el padre que tan amablemente me dijo: "Eran las peores condiciones que había visto en su vida"; Luego la mamá y finalmente el hijo que esquiaba sombríamente junto a mí. Estaban esquiando bien, en control, disfrutando de los giros, felices como almejas; y allí estaba yo, bajando con mis esquís atados a mi mochila.

Nunca se me ocurrió ponerme mis pantalones calientes. De alguna manera, el esfuerzo de quitar mi mochila, de detenerme, de descomprimir algo, era demasiado para considerar. Pasó otra hora. Aquí vinieron 2 esquiadores más; Todavía recuerdo al tipo, sus esquís derrapando expertamente hacia los lados sobre el hielo, él y su amigo disfrutando de su descenso.

Finalmente, afortunadamente, vi a 2 excursionistas a la izquierda de la carretera. Eran escaladores de hielo que regresaban de un día en los barrancos del monte Washington. Y fui a donde habían estado; Quiero decir, salí del horrible camino de fuego y entré en un sendero que era transitable. En este punto me sentí mucho más seguro. No me había dado cuenta de que había senderos a la izquierda de la carretera. Me puse mi chaqueta abrigada.

Comencé a ver señales de senderos que indicaban que me estaba acercando al área de estacionamiento. Estaba tan extremadamente feliz. Bromeaba maníacamente con cualquier excursionista que pasara cuesta arriba junto a mí. La base era muy superior a la que había soportado en la carretera de Cherburgo. Después de todo, estaba en un sendero que conocía, de regreso al estacionamiento. Pasé junto a un grupo de chicos de secundaria que estaban caminando por el sendero y le pedí a uno de ellos que "se subiera la cremallera de la chaqueta, el viento sopla allí". Regresé al estacionamiento.

Una ráfaga de viento de 70 mph me golpeó mientras me quitaba los esquís. Desempaqué, desabroché y metí todo en el auto.

De vuelta en la habitación del hotel, vi que había arruinado mi gran uña derecha: era negra (la bota que no había apretado, se sentía cómoda en ese momento). Y debido a las muchas caídas bruscas que había tomado, mis dedos estaban entumecidos. Fue bueno que soy quiropráctico entender que rebotar mi cuello durante las caídas era responsable del entumecimiento en las yemas de mis dedos. Y, sin embargo, a medida que pasaba el tiempo, se mantuvieron bastante entumecidos: los dedos de ambas manos se sentían extraños y casi completamente entumecidos.

Al día siguiente me di cuenta de que mis dedos se habían congelado. Se quedaron entumecidos. Trabajé toda la semana siguiente con los dedos entumecidos. Los pacientes decían: "Me duele aquí", y yo empujaba un lugar y decía: "Oh, sí, ahí mismo".

"No, no allí, aquí, el espasmo muscular gigante".

"Oh, claro, claro", decía, "lo siento". Y me miraban con recelo: "No, no allí, aquí, aquí mismo". No podía sentir nada con mis dedos. Después de aproximadamente una semana, toda la piel se desprendió de mis dedos. La piel estaba seca y dura cuando se desprendió. Después de que toda la piel se desprendió, la sensación normal volvió a mis dedos.

Tenía síndrome de estrés postraumático. Vendí las botas que me habían lastimado la uña del pie. Fotografié las botas justo en la habitación del hotel y las puse en eBay. Los vendí por casi nada. Mientras me recuperaba del estrés, traté de recuperarlos. Llamé al tipo que compró las botas, pero él las había "comprado para su hijo que realmente las quiere". Simplemente insinué sobre las botas. Se habían ido.

Eventualmente volví a comprar las mismas botas, a precio completo, pero no pude obtener la mejor versión de las botas, sino una versión un poco más ligera y barata de las botas. La vida continuó. Me recuperé.

Y así, aquí estaba, 2 años después, en Canadá, una vez más dándome cuenta de que estas botas no iban a funcionar para mis pies. Me preocupaba tener que cambiar las botas y las fijaciones Dynafit y usar el antiguo sistema que había usado antes, de botas de esquí alpino con fijaciones Scout.

Pero las ataduras Scout están pasando de moda: (mencionado anteriormente en este artículo). Tienen un problema de peso, y toda la unión se levanta con cada paso, agregando peso al movimiento de caminar. Y, por supuesto, llevaría botas gigantescas y torpes cuesta abajo con ellos. Pero nunca ensangrenté ni perdí las uñas de los pies con esa configuración. Y entonces, ¿qué pasa si es pesado: mis grandes músculos del muslo pueden manejarlo? Entonces, es un trabajo en progreso.

En el peor de los casos, todavía puedo ir a esquiar fuera de pista, incluso si debo renunciar a las elegantes fijaciones híbridas. Son difíciles de entrar. Las fijaciones Scout se bloquean con una mandíbula en el talón y la puntera y son mucho más fáciles de conseguir que las fijaciones híbridas y sus 2 pasadores de acero. Actualmente parece que las nuevas botas Salomon funcionarán bien, y puedo usar las fijaciones modernas de Dynafit. Actualización: las botas Salomon funcionaron muy bien en el resort, mientras que las botas Scarpa dependen demasiado de las correas del tobillo y no lo suficiente en toda la bota que se empaqueta contra mis tobillos y pies: no pueden proteger mis dedos de los pies de golpear contra la parte delantera de la bota, incluso con las hebillas movidas a su posición más apretada. Recuerda, tengo pies largos y delgados y piernas delgadas.

Antes de mis visitas a las tiendas de esquí en Jasper había ido en un día 2 de esquí. Durante el 2º día de esquí apreté todas las hebillas a su nivel más ajustado o casi al nivel más apretado. Al final de ese día mucho más largo todavía me dolía ambas uñas de los dedos gordos;

bueno, el derecho también estaba herido, aunque no había notado ninguna lesión después del 1er día. Esto ocurrió hace 2 temporadas, en New Hampshire, pero solo a la bota que no había podido apretar.

Después de ese viaje a New Hampshire, regresé a casa e hice muchas llamadas telefónicas, incluso a expertos instaladores de botas de la costa este: se pueden encontrar en grandes estaciones de esquí. Fueron generosos con su tiempo y consejos para mí por teléfono. Finalmente, allí en el hotel en Banff, se me ocurrió ir a las tiendas locales en busca de ayuda; para ser examinado por los gerentes de ventas / instaladores de botas en persona.

Fui a la web donde un vendedor encontró las botas Salomon 31.5 para mí. Nunca podría haberlos encontrado en la web yo mismo.

Entré en la web porque es muy fácil devolver cosas y me preocupaba que las botas Salomon fueran demasiado pequeñas. Eso y odio preguntarle a una tienda física "¿puedes igualar el precio de Internet?" Pensé que las tiendas canadienses no podrían hacerlo, y si lo hicieran, me daría mucha vergüenza devolverles las botas, todo por correo internacional. No me siento muy bien al respecto. Les debo a esos gerentes en Jasper por su atención, experiencia y amabilidad. Pero estaré atento a todas las compras futuras; eventualmente la web vacilará en algo y luego ordenaré en las tiendas de Jasper. Como dicen, el montañismo es caro. No decepcionaré a esos tipos.

El tiempo dirá qué sistemas funcionarán para mi enorme tamaño de 15 pies. Todas las personas normales de tamaño de pie, cuenten sus bendiciones. Sé agradecido por la indignidad y el dolor que te ahorrarás.

El viaje 2d durante esas vacaciones de enero de 2023 en Banff:

Un ayudante en una tienda local me dijo que muchas áreas de turismo estaban cerradas debido a "personas que protestaban por la protección del hábitat del caribú, pero que los calvos en el lago Maligne estaban abiertos para el esquí fuera de pista".

Me encontré con un hombre que caminaba por la calle 5 minutos después que me dijo lo mismo. Eso lo resolvió.

A la mañana siguiente, me fui a los calvos. No estoy seguro de por qué tuve un comienzo tan tardío agravado por detenerme para cargar gasolina y luego al darme cuenta de que había dejado mis guantes en la habitación del hotel. Hice un giro en U y volví al hotel. Una vez allí encontré los guantes con mis grandes calcetines gruesos de lana; los únicos calcetines además de los pequeños calcetines blancos de algodón que llevaba puestos.

Y el viaje duró más de una hora. Tal vez fue 1 1/2 horas. Vi a un guardabosques con una cámara cerca del área de estacionamiento y me explicó que "el área de estacionamiento está a la izquierda y el sendero está a la derecha".

Estaba muy agradecida por su consejo. Fue como él dijo: Me detuve en el estacionamiento de la izquierda. Había otro coche y un hombre esperando allí: un esquiador de travesía esperando a su amigo.

Lo primero que hacer fue vender 1 de nuestros 2 pasteles de urinario y obtener acceso a la gasolinera durante nuestra estancia. (Fragmento de oración inducido por el sueño – no editado).

La otra primera cosa que hacer fue quitarme el traje de 1 pieza y ponerme los pantalones aislados debajo del traje, y luego reemplazar el traje; porque se sentía penetrantemente frío. Llevé la parka de aseguramiento en el paquete avy.

Finalmente, estaba listo y me dirigí por el sendero. Tenía una uña gorda del pie izquierda magullada y sangrienta dañada en mi pie izquierdo por no apretar mis botas en el glaciar Crowfoot. Así que, esta vez, cuidadosamente levanté ambas botas tan apretadas como quisieran.

El otro esquiador en el estacionamiento había esperado a su amigo y ambos subieron juntos por el sendero

15 minutos antes que yo. Me estaba preparando tan rápido como podía, pero no fue muy rápido.

En ese momento, tenía los esquís y las fijaciones mejor marcados, después de haber visto un video de YouTube sobre mover la unión al modo de caminata.

Comencé a caminar penosamente por el sendero. Era un camino de fuego, y todo el camino de fuego estaba congelado, así que tenía una plataforma donde podía sentarme y descansar y luego pararme, a diferencia de la nieve suelta no consolidada en el sendero del glaciar Crowfoot.

Pasaron unas horas y comencé a sobrecalentar mi ropa y mi traje de 1 pieza. Sentí gotas de sudor corriendo por mis costillas. Comencé a tomar descansos más largos para refrescarme. No podía sentarme por mucho tiempo antes de que hiciera demasiado frío para sentarme por más tiempo. Después de 3 horas llegué a un atajo oficial: tenía un letrero. Fui 20 minutos más allá del atajo y pensé en regresar. Estaba tratando de hacer un día de 5 horas ya que tenía un compañero hambriento esperando el almuerzo en el hotel.

No estaba lejos de un día de 5 horas, pero también tuve el comienzo tardío, y el viaje de 1,5 horas en cada sentido; Regresé bien después del almuerzo. Esa es otra historia.

Hice bien en dar marcha atrás cuando lo hice. No sabía si podía volver a esquiar, o si tendría que retroceder, desgastarme la piel o quitarme los esquís por completo y volver a bajar. Cualquiera de las últimas 3 opciones me devolvería al auto después de un día de 8 horas. Pero pude esquiar todo el camino. Lo que sucedió fue que había polvo a los lados del camino del fuego. Entonces, puse un esquí en el polvo por el efecto de desaceleración del mismo; y poner el otro esquí en modo de frenado lateral. Tomó esfuerzo. No fue fácil. Pero pude esquiar por toda la carretera haciendo eso. El camino era demasiado empinado para "freno de pizza" todo el camino hacia abajo, y demasiado estrecho para permitir esquiar de un lado a otro. Pero la pólvora en los bordes del camino de fuego ralentizó mi esquí.

Disfruté mucho esquiando por el camino del fuego. Fue lo más cerca que he estado de esquiar fuera de pista por una montaña. Nunca llegué a los calvos; que supongo que son cimas sin árboles de la montaña que podrían permitirse el esquí alpino, especialmente durante las condiciones menos propensas a avalanchas que tuvimos ese día.

El viaje de 1,5 horas se sintió como si tardara una eternidad en regresar al hotel. Mi compañero hambriento dentro de la habitación no abría la puerta y mi tarjeta de acceso había expirado.

Noté que ambas uñas de los pies ahora estaban dañadas y magulladas. Eso fue triste ya que me había apretado las botas completamente y creía que el ajuste era correcto. Era obvio que iba a perder 1 y probablemente ambas uñas gordas del pie. Esa tarde salí de la habitación y me dirigí a las tiendas de esquí para suplicar atención experta a mi dilema de las botas de esquí. Estaba molesto, pero se me ocurrió mostrar mis pies a los lugareños en Jasper que podrían aconsejarme.

Por ahora, he metido los pies en agua salada caliente durante 20 minutos para tratar de que las uñas muertas se desprendan. Sospecho que la uña derecha también se desprenderá, pero no soy positivo. El gerente de esquí era el único experto en esquí en este mundo que estaba dispuesto a mirar a mi hijo de 64 años, destrozado, tamaño 15 pies. Mencionó que la uña izquierda se desprendería con seguridad, y tal vez la uña derecha. Sufrí esta misma lesión hace 2 años por las mismas botas. Iba a ver a un dermatólogo para que me quitaran la uña muerta. Me imaginé un billete de 600 dólares por eso. Una de mis ayudantes latinas dijo que metiera mi pie en agua caliente en su lugar. Lo hice y la uña muerta se desprendió. Lo estoy intentando ahora, pero mucho antes en el proceso.

Hace 2 años, la uña volvió a crecer lentamente en un milagro de regeneración de tejidos. Espero que esto vuelva a suceder. Pero primero para quitar las uñas muertas.

Hemos cubierto el tema del esquí de travesía casi exclusivamente hasta ahora. Pero sobre todo esquio en las estaciones de esquí alpino locales. Tenemos 2 o 3 centros turísticos a 1 o 1 1/2 horas al norte del norte de Virginia, al otro lado de la frontera estatal en Pensilvania.

Cuando uno va allí, sea testigo de la presencia de niños de secundaria que viven a 15 minutos del complejo y que esquian todos los días. Son hábiles. Yo no. Soy lento. Pero no se equivoquen al respecto, esos resorts son lugares emocionantes, emocionantes, dramáticos y altamente eficientes para entrenar para esquiar. Tienen pistas empinadas, pistas moderadas, esquí nocturno y permiten esquiar durante los momentos en que nuestra región del norte de Virginia se encuentra en condiciones cálidas y soleadas.

A mi regreso al esquí después del descanso de 12 años, compré botas de descenso, fijaciones y esquís. Y he estado yendo a los resorts de descenso y aprendiendo durante las últimas 6 temporadas. Solo me metí en las desventuras del campo durante las últimas 3 temporadas.

Es difícil explicar lo poco que el esquí alpino lo prepara para el esquí de travesía. Uno esperaría que pudiera haber algunos fallos menores en la transición de uno a otro. No hay tanta suerte. Es extremadamente diferente.

¿Empezando? Golpea los resorts. Puedo esquiar diamantes negros y dobles negros en las estaciones de la costa este. Durante mucho tiempo, fui el esquiador más lento en la pista. Tal vez una o dos veces por temporada bajaría una pendiente más rápido que otra persona: una anciana robusta. De lo contrario, todos pasaron a toda velocidad junto a mí.

Pero eso no quitó la aventura y la emoción de los resorts cuesta abajo. Es una maravilla sentarse en el telesilla y subir silenciosamente la montaña, apretar las botas y desviarse por una pendiente de nieve llena de 100 a 200 pies de ancho. Así que la gente corría a mi lado por todos lados; Y qué.

PARTE 2

LA ESTACIÓN DE ESQUÍ

Puede ser fácil quejarse de los complejos llenos de gente, y de cómo el esquí etéreo de travesía supera al esquí de resort o alpino. Pero ambos son maravillosos. Uno podría ser un esquiador de resort solo durante toda su carrera y llevar una vida maravillosa para ello.

He esquiado de travesía un puñado de veces en comparación con muchas más veces que pasé en el centro de esquí alpino: "el esquiador de frente: una persona que esquía en las pendientes concurridas, bien esquiadas y preparadas". Máquinas en la noche empacan la nieve. Si uno llega temprano, la superficie de la nieve tendrá una superficie dura y lisa con un patrón de pana: es hermoso y divertido para esquiar. A medida que avanza el día y cientos de esquiadores surcan la pendiente, la nieve se rompe, se vuelve costra y se vuelve áspera.

Esquí de frente significa cuando uno sube en un ascensor y esquía por el frente de la montaña; por lo general, hay edificios del tamaño de un albergue o un centro comercial en la parte inferior. Hay equipos de niños para pasar el día: escuadrones de personal de rescate/guía con chaquetas rojas que pululan por las pistas; familias; grupos formados por expertos y sus amigos fuera de control que intentan mantenerse al día a pesar de que es su primer día de esquí. Los snowboarders se mezclan con los esquiadores. Mamá y papá con atletas consumados.

No sé por qué, pero hasta hace poco siempre fui la persona más lenta en la pendiente. Puede ser mi peso (210 libras), o mi edad (64), o tal vez porque tengo piernas largas y delgadas. Pero voy despacio. Puedo ir en doble diamante negro cómodamente, pero despacio, muy despacio. Y esto colorea mi experiencia en pistas preparadas. Como yo era el esquiador más lento allí, todo el mundo pasó zumbando a mi lado. Durante mucho tiempo, no esquiaba directamente montaña abajo, sino que iba de un lado a otro de la pendiente. Y en cada extremo, antes de dar la vuelta para ir en la otra dirección, miro hacia arriba de la pendiente con la esperanza de evitar a los esquiadores que bajan a toda velocidad por las pistas. Muchos de ellos van bastante rápido; algunos tienen el control y otros no.

Suena como si yo fuera el culpable; después de todo, no voy con el flujo del tráfico, voy significativamente más lento. Entonces, mi estrategia y experiencia en las pistas será diferente a la de otros que lean esto.

Pero no quita la diversión de las estaciones de esquí. Me encanta. Y a veces, cerca de la parte inferior agotada, puedo ir en línea recta y extremadamente rápido. Siempre usa un casco. Mantenga siempre las gafas puestas. Obtenga guantes de esquí de alta calidad: no, un poco mejor que eso: uso guantes Black Diamond Enforcer: el mismo par durante 6 años. Una vez que las manos se mojan, es imposible ponerles guantes baratos. Los guantes Enforcer tienen palmas de cuero grueso y acolchado en el dorso y los dedos para proteger la mano durante las caídas. Por lo general, puedo deslizar mis manos lisiadas en ellas cuando están mojadas o secas, y están calientes.

Encontré mi talla de bota yendo a diferentes tiendas fingiendo interés en comprar botas y luego las ordené en línea. Eso funcionó para las botas de esquí delanteras. Pero fue desastroso para comprar mis esquís. Solo ahora, después de 6 largas temporadas de esquí, me he dado cuenta de que compré los esquís equivocados. Mis esquís de 69 mm son fantásticos para las condiciones de pana que existen durante la primera hora del día, pero no son adecuados para las pendientes azules gruesas, llenas de bultos y onduladas con mucha nieve artificial. Puedo esquiar sobre diamantes negros de hielo desnudo solo para caer repetidamente en pendientes azules llenas de baches. Solo que ahora escuché a una tienda de esquí local que me aconsejó comprar esquís de 95 mm: 6 años de caída. Vaya a una tienda de esquí local; no compre sus primeros esquís solo sin consejo.

Tuve suerte con las botas y siempre me he sentido cómoda y ilesa con ellas. Llevo ortesis en las botas de esquí: haz eso: ve a un quiropráctico y consigue ortesis con "Foot Levelers". Use calcetines gruesos de lana dentro de las botas.

Usé un traje de una pieza la última vez que salí, pero era el único en el resort con ese traje. Todos los demás vestían chaqueta y pantalones de esquí. Boté mis pantalones de esquí recientemente y olvidé por error que los estaba usando como pantalones de esquí. Uno debe tener pantalones de esquí: una cubierta de nailon resistente, pertex o gortex o algún material similar. No pague los precios de estafa por los nuevos pantalones de esquí de marca. Al menos consigue algo en oferta. Los jeans no servirán, los pantalones para la nieve de $30 en Costco no servirán.

Unos buenos pantalones de esquí protegerán las piernas del viento, las caídas sobre la nieve y la lluvia. Llevo el traje de una pieza o pantalones aislantes debajo de las mallas activistas.

Compré postes de aluminio baratos y doblé uno y siempre descanso tranquilo cuando los dejo desatendidos mientras descanso o almuerzo. Los esquís pueden necesitar o no estar bajo llave. Cerré el mío la última vez, pero sospecho que era el único en el complejo que se había molestado en hacerlo. ¿Dónde más se puede dejar un equipo de $ 900 desatendido durante horas y nadie lo tomará?

El resort es toda una escena: almuerce allí: observe a las nuevas familias, grupos de niños y todo lo demás.

El esquí de frente no conlleva el riesgo de avalanchas. En su mayoría, no existe el riesgo de perderse, al menos en las estaciones de esquí de la costa este. Es más un día divertido y menos sombrío. A medida que pasan las horas, disfruto sentarme en el telesilla con otros esquiadores. A veces conozco a alguien con cuyo padre fui a la escuela secundaria. A veces escucho a los instructores de esquí escupir su sabiduría.

Es espeluznante subir montañas empinadas sin hacer ruido sobre cables silenciosos, gruesos y seguros. Después de pasar toda una vida escalando colinas; y de repente todo se hace sentándose en una silla que se eleva hacia arriba. Al principio me sorprendió lo atrevido que era subir y bajar del ascensor. Y luego hubo una temporada en la que luché con eso cuando había otros en la silla (porque me estaba permitiendo ser el último en sentarme en la silla o el último en dejar la silla, evítalo). Sucedió ayer: 2 esquiadores salieron de la silla antes que yo, y esto hizo que la silla se balanceara hacia los lados. Cuando salgo, salgo disparado hacia un lado y termino cayendo violentamente sobre la nieve. Es vergonzoso.

Pero a excepción de ayer en la salida, últimamente apenas me doy cuenta de subir o bajar de los telesillas. "Nunca corras con la silla"; es decir, si se mueve rápidamente, simplemente espere, déjelo pasar y tome la siguiente silla. No sé por qué dejé la silla tarde durante las primeras temporadas: ¿estaba siendo educado, tímido, pasivo o contaba con mi coordinación para permitir que otros actuaran primero? Pero dio lugar a caídas y derrames. Ahora salga intencionalmente primero o simultáneamente con los otros pasajeros.

Lo mismo para sentarse en la silla. Causé tantos derrames, movimientos y percances siendo el último en sentarme en una silla en movimiento que ya tenía 3 pasajeros recientes. Por lo tanto, siéntese rápidamente en la silla. No permita que otros se sienten primero y luego espere compensar.

Uno puede aprender mucho sentado en el ascensor. Las preguntas urgentes sobre el esquí pueden surgir de una audiencia cautiva. Es un buen momento para comer un GU. Descanso 10 minutos cada hora, a la hora, durante los deportes. Montar en el telesilla hasta la montaña no cuenta como parte del descanso de 10 minutos. Ese descanso debe tomarse sentado en una silla en el suelo.

El esquí frontside puede ser mágico. Tome la pausa para el almuerzo en el interior. Si uno siente demasiado calor, desvístase lo suficiente para sentirse cómodo. No se siente afuera en el viento y el frío durante una hora: es más duro para el cuerpo de lo que parece.

He tenido gente que me critica por sentarme (descanso de 10 minutos) en su mesa. He rozado bastones de esquí con esquiadores fuera de control que descienden desde arriba y casi me golpean.

Una vez, antes de que desarrollara el hábito de mirar cuesta arriba antes de cada giro, un pequeño snowboarder asiático me golpeó con fuerza. Ella fue muy educada. Fui a seguir mi camino pero descubrí que me había derribado de ambos esquís. Se quedó allí, amistosa, hasta que volví a armar mis esquís y mi ingenio. Me había golpeado en el costado del muslo, muy por encima de la rodilla, donde soy más fuerte. Ningún daño hecho. Vale la pena. Ese fue el final de mí esquiando lentamente por la pendiente sin buscar atentamente cuesta arriba a los esquiadores para evitar.

A veces hay montones de esquiadores que pasan a toda velocidad a mi lado, tantos que dejo de moverme y los dejo pasar. Es común que algunas parejas me pasen, se detengan a descansar o conversar hasta que yo los pase, y luego bajen y me vuelvan a pasar repetidamente en toda la pendiente.

Algunos esquiadores de velocidad se aferran con fuerza al extremo derecho o izquierdo de la pendiente, así que no creas que uno está seguro simplemente esquiando a lo largo del borde de la pendiente.

A veces, por la noche, bajo la luz eléctrica, uno esquía por una pendiente hacia la niebla que producen las máquinas quitanieves.

Esquío 50 minutos y descanso 10 minutos. Excepto el almuerzo: eso es una hora. Después de enfermarme la temporada pasada, noté que estar sentado afuera durante el almuerzo precedía a una enfermedad. Por lo tanto, hice una regla al respecto:

1, tome el almuerzo adentro, no afuera en el viento y el frío.

2, no esquíes con guantes de globo de agua. En un día lluvioso, los guantes pueden llenarse de agua. No permita eso: use un caparazón (uno llega mañana, el primero que tengo). Si el caparazón no funciona, llevaré un par de guantes o manoplas 2d dentro de una bolsa de plástico, dentro de la chaqueta.

Durante los descansos de 10 minutos, hace años, en la parte trasera de un centro de esquí local, tenían un fuego de leña en una hoguera. Junto al fuego, los altavoces tocaron canciones de rock clásico. Eso fue supremo. Y si nevaba, era doblemente supremo: moto benni. Pero en años posteriores no he visto el fuego de leña: covid y lo inevitable, "bueno, de todos modos fue demasiado trabajo, así que ahora dejaremos de hacer eso aunque ya no haya más covid".

Antes del covid, había estaciones gigantes donde los ayudantes ansiosos revisaban los esquís. Por alguna razón, estos fueron eliminados durante el susto del covid y nunca regresaron. Después de todo, alguien debe pagar a los ayudantes para que se queden allí y recojan los esquís.

Incluso sin ese raro fuego de leña, puede haber fogatas de gas alrededor, protegidas frente a sillas de madera. Siempre siéntate allí. A menos que no haya sillas disponibles y luego vaya a sentarse tristemente en una mesa de picnic.

Compré esquís delgados (70 mm en la cintura). Esquían muy bien en capas de hielo de color marrón diamante negro, pero luchan en la nieve pesada y grumosa de 7 pulgadas de profundidad que se encuentra en los azules. Funcionan muy bien en pana.

Cuando volví a esquiar por primera vez, creía que las condiciones de la costa este de Virginia eran tan patéticas que solo permitían las peores condiciones de nieve. Eso ha sido cierto. Compré los esquís de 70 mm con una actitud de "bueno, nunca habrá polvo, así que admitámoslo y limitémonos a los esquís delgados porque eso es todo lo que necesitaremos de todos modos". Seamos honestos. Y deja que todos los demás tontos vayan por los esquís más gruesos en una búsqueda políticamente correcta pero en última instancia poco realista de condiciones de nieve en polvo". Un sitio web se refirió en broma a estos esquís como políticamente incorrectos. No repetiré el título completo dado.

El problema se ha convertido, y se han tardado 6 años en darse cuenta, de que estos esquís delgados de 70 mm son increíbles en los diamantes negros dobles (costa este) que son demasiado empinados para permitir la acumulación de nieve. Las pendientes marrones, heladas, empinadas y desnudas son fáciles con estos esquís. El problema radica en las pistas azules, especialmente las pistas azules con terreno accidentado. Allí, se acumula un compuesto espeso y grave de nieve artificial y, bueno; no es polvo, pero un esquí un poco más ancho sería mucho mejor que los esquís delgados.

Por supuesto, los esquís Quattro de 70 mm en la cintura funcionan muy bien en las primeras pistas: temperaturas bajo cero, en la cima de una pista gigante y toda la superficie de la nieve es de pana. No hay necesidad de flotación. Es borde puro hasta el fondo.

Para la nieve espesa y grumosa que se encuentra en las pistas azules menos empinadas, me han dicho que busque unos 95 mm. Un vendedor dijo 95 mm para nuestras estaciones de esquí locales que tienen nieve espesa y grumosa. Un vendedor del oeste dijo de 95 mm a 100 mm. Quizás para la próxima temporada pruebe ese ancho. Lo que significa que tal vez obtenga ese ancho de esquí el próximo agosto. Si lo hago, volveré a la tienda en Banff donde el vendedor me ayudó y me midió los pies.

En mi incursión solitaria a la estación de esquí de Jackson Hole en Wyoming, un experto en esquí mencionó, "esquís delgados por la mañana y cambiar a esquís más gruesos una vez que las pistas se hayan roto y se hayan vuelto más cálidas". Ese fue un buen consejo. Mi opción más gruesa son los esquís Cochise de 106 mm.

1 complejo local cercano tiene 3 pistas de montaña intensas. No puedo esquiarlos como lo hacen los expertos: silbando con gracia entre los baches, curvando alrededor de los pilares gigantes, todo nervudo y en control. Pero puedo descender las laderas con un desesperado movimiento lateral tras otro. Deteniéndome y jadeando al borde de la carrera, dándome la vuelta y apenas logrando rascarme el camino hacia el otro lado. Para estas carreras magnates obtuve, como era de esperar,

incluso más delgados, súper cortos, "esquís 2020 Hart F17 Fusion World Class Mogul".

Puedo esquiar por toda la estación con estos pequeños y cortos esquís. En una colina gigante de pana verde o azul, me cansan un poco por su pequeña superficie de frenado. Un esquí de longitud completa con sus frenos (cantos) de longitud completa hace que esquiar sea más cómodo. Pero, efectivamente, en los gigantescos moguls ridículamente agresivos, los pequeños esquís mogul funcionan mejor.

Tengo 2 esquís modelo más largos y los esquís mogul más cortos. Tenga en cuenta que los esquiadores mogul profesionales pueden elegir los esquís mogul de mayor longitud. No puedo entender eso todavía. Tal vez algun dia.

Así, los esquís más largos ofrecen más superficie de frenado. No es necesario cambiar de un lado de frenado al otro lado de frenado con tanta frecuencia porque, una vez de lado, frenan de manera más eficiente. En una pista abierta gigante, los esquís más largos son más cómodos.

Puede ser difícil juzgar correctamente la ropa adecuada. Uno podría esquiar en un día de 45f o 55f y asarse con una chaqueta gorda e incómoda. O uno puede correr con entusiasmo a las pistas con calzoncillos largos y livianos debajo de un caparazón solo para encontrar vientos fuertes y temperaturas en los 20f's que generalmente lo llevarán a enfermarse.

Disfruto de mi traje de una pieza y puede ser difícil estimar cuánto calor agregará o no al sistema de vestimenta. Hace 20 años, en el norte del estado de Nueva York, escalé hielo todo el día a temperaturas de 12 °F con mi traje de una pieza y sin abrigo. Había olvidado la chaqueta en casa. Tenía dolor de garganta al final de ese día y me fui a casa al día siguiente a pesar de que era domingo.

La Navidad pasada esquié en el norte del estado de Nueva York, en la misma área, sin cubrirme las piernas lo suficiente. Sobrestimé la capacidad de calidez de mi traje de una pieza. En el segundo día de alguna manera me las arreglé para salir con aún menos capas de piernas debajo del traje. Había olvidado mi pesada chaqueta en Virginia. Tomé mis descansos para almorzar afuera en el fuerte viento. En el camino a casa mi nariz empezó a moquear. Pensé: "Oh, el auto alquilado tiene un olor a humo de un conductor anterior. Es por eso que mi nariz ha comenzado a gotear". Una vez en casa caí con una gripe que me habría dejado sin trabajo si no hubiera sido un domingo.

No se siente afuera en el viento o la lluvia durante la hora del almuerzo. El fin de semana pasado entré y, por primera vez, me quité la parte superior del traje de una pieza, me quité la chaqueta y me sentí lo suficientemente fresco como para disfrutar sentado en el interior durante 1 hora. Pero tenga cuidado de sentarse en la cabina de una mesera por tanto tiempo: ella está tratando de ganarse la vida. Gané 3 libras. después de comer chile, hamburguesa con queso y papas fritas (no pedí las papas fritas). Hoy pedí un tubo de cerveza; una especie de honda que sostendrá latas de cerveza. Quizás con eso no tendré que pagar cervezas de $8. Cosas 3.8 oz. de pan en un bolsillo, y no tendré que pagar el almuerzo o la cena. Tampoco lo pagará en calorías fuera de control.

Si uno tiene un abrigo cálido, ropa aislante debajo de un caparazón cálido y sólido; un casco, gafas que cubran sus ojos, una polaina para el cuello, guantes secos y calientes, botas grandes de plástico para esquiar, si uno está realmente abrigado, entonces el viento en el teleférico no se siente incómodo. Y si empieza a nevar, es un momento mágico. De eso se trata el deporte. Está nevando sobre el caparazón, no se derrite, y los esquís no se dañan. Es romantico.

Si se sale un esquí, apunte el resto del esquí hacia los lados para que no retroceda o avance cuesta abajo, y vuelva a enganchar la bota en la fijación del esquí. Esto debe estar en el lado cuesta arriba. Si uno intenta sujetar el esquí en el lado de descenso, no funcionará.

Gira y coloca la bota y el esquí sin enganchar en el lado cuesta arriba.

Tomo descansos de 10 minutos cada hora, de 50 minutos a 60 minutos. Ve a donde haya asientos. Siéntate ahi. Si hay una hoguera de gas con sillas alrededor, ve allí. Siéntate durante 10 minutos. Come un GU. Descansa tus botas sobre sus talones. Mira fijamente a las personas que te rodean. Baja tu ritmo cardíaco. Con suerte, estás vestido completamente abrigado y cómodo.

Durante mis primeras 6 temporadas no había probado la cerveza mientras esquiaba. Uno ve latas vacías arrojadas desde el ascensor hacia los botes de basura que se encuentran debajo del camino del ascensor. O uno solía ver eso, hasta que los nuevos dueños sacaron los botes de basura. Me preocupaba que la cerveza pudiera causar una lesión grave o una paliza con un esquí o un bastón de esquí.

Actualización: última salida: día de 7 horas, incluido un almuerzo de 1 hora: me senté en una cabina, pedí una hamburguesa con chile y queso y 3 cervezas. Las papas fritas llegaron en contra de mi pedido directo. Estaban deliciosos. Al salir del almuerzo y regresar a la fila del elevador, no pude girar adecuadamente lo suficiente para ver la próxima silla en la estación del elevador y la silla me agarró violentamente y me lastimó un poco la rodilla.

Entonces vi un pequeño montículo de nieve directamente detrás de mí; pero pensé que las colas de los esquís atravesarían ese montículo, pero no lo hicieron, y tuve una caída moderadamente fuerte.

Luego me deslicé a una velocidad extremadamente lenta sobre un snowboarder derribado. Nadie fue lastimado. Todo fue a cámara lenta. Y más tarde, en una línea de elevación trasera, me deslicé por una pequeña pendiente y directamente hacia un snowboarder de pie. Era joven y fuerte y me vio a la deriva en su camino. Renuncié a mi disciplina de comer un GU cada 30 minutos: estaba lleno del almuerzo. Gané 3 libras. ese día.

En algún momento, en una pista estrecha y larga, mientras esquiaba de un lado a otro, casi me golpea alguien que esquiaba verticalmente de arriba hacia abajo. Los escuché gritar y sentí que fallaban. Esto fue antes de la hora del almuerzo.

Pero a excepción de estos contratiempos, me fue bien. La cerveza alivió mi dolor corporal general por esquiar 7 horas. Y después de esa caída, desarrollé un enfoque láser sobre no girar con pequeños montículos de nieve detrás de mí para atrapar la cola de mis esquís. Ese foco duraba horas, en cada turno. Nunca beberé una cerveza excepto si tengo un conductor designado para llevarme del resort a casa.

Un fin de semana después, esquié todo el día sin cerveza y me sentí notablemente más fuerte y más saludable al final del día de lo que me había sentido cuando la cerveza me alimentaba. Además, conoció a un esquiador joven y fuerte en un telesilla que "comenzaba todos los días con una cerveza e ibuprofeno". Estoy seguro de que se está equivocando con el analgésico: no lo tomes.

A mitad de temporada, cambié de marcha: la pendiente descendente parecía menos pronunciada y recuperé la habilidad de las temporadas anteriores de esquiar hacia abajo en una columna de 25 pies de ancho en lugar de esquiar de un borde de la pendiente de nieve al otro borde de la misma. pendiente de nieve. Eso fue muy agradable porque entonces no tenía que buscar continuamente esquiadores más rápidos (es decir, cualquier otro) pendiente arriba.

Escuché a un corredor de distancia en un podcast decir: "la montaña se aplanó para mí"; refiriéndose a que la pendiente empinada se volvió no tan empinada como la estaba subiendo corriendo. Me sentí de la misma manera; de repente, la pendiente era menos empinada. Esto fue en un azul. De repente, no era empinado en absoluto.

Esquiar siempre con casco. Al menos, para evitar que otro esquiador con casco choque con la cabeza descubierta. Además, si estoy deprimido, para evitar que un esquí o una tabla de snowboard me golpeen la cabeza. Y reboté mi cabeza con casco notablemente fuerte en la pendiente de nieve. Una vez escuché crujir todos los huesos de mi cuello como si me hubieran hecho un gran ajuste quiropráctico. Y mi cuello se sintió muy bien después.

Desafortunadamente, compré un casco extra grande. No estoy seguro de por qué hice eso. Probablemente soy un grande o tal vez incluso un medio. Si tuviera que comprarme un casco nuevo, tendría que elegir entre un casco normal: un casco que reproduzca música controlado por un control remoto atractivo conectado al brazo: o un casco de clasificación triple que funcionaría para esquiar, andar en bicicleta, y escalada en roca.

Cualquiera que sea el casco que uno compre quedará obsoleto después de varios años, así que elija un color neutral. Evite los colores amarillo brillante y rojo o rosa impactante. No envejecerán tan bien.

Después de un gran día en las pistas, visite a un quiropráctico. Algunas caídas se sienten como sentarse suavemente hacia atrás en un sillón. Otros podrían ser peores; por ejemplo, aterrizar sobre las costillas con un brazo extendido por encima de la cabeza. Ese brazo y codo se sentirán débiles al día siguiente. no es el brazo Sí, se siente como si fuera el brazo. Pero no lo es; es el cuello Consigue un tratamiento. Voy semanalmente a un quiropráctico o trato de hacerlo incluso cuando no estoy esquiando.

En el último día de nuestra temporada: (hace 2 meses, y en el oeste todavía están esquiando y todavía está nevando); la estación de esquí local se redujo a 1 carrera. Podría haberlo evitado, pero resultó genial. Seguramente fue mi mayor día vertical en la costa este. Naturalmente, olvidé usar mi reloj con altímetro.

Como se mencionó, fue simplemente la carrera 1 abierta, pero fue la gran carrera, desde arriba hasta abajo. No estaba lleno. El parque de nieve (saltos y rieles) se había ido. Al no haber mucha gente, no había colas para subir al telesilla. Seguí y seguí. Y conocí a un experto en patrullas de esquí en el ascensor; Estábamos en el mismo ascensor dos veces.

El experto de la patrulla de esquí dijo algo sobre "no se puede esquiar mucho" y explicó cómo disfrutaba ser miembro de la patrulla para socializar con los demás miembros. En otras palabras, esquiar por sí solo no puede mantener a uno feliz: tiene sus límites. Y lo vi por primera vez ese día, probablemente en parte porque estuve corriendo por la misma pista de esquí todo el día. Me dio una idea de lo que en última instancia podría estar esperando a uno al alcanzar el nivel de experto.

Volviendo al esquí de travesía: la segunda salida de mi aventura canadiense el mes pasado se produjo después de preguntarle a Jasper dónde esquiar. Una vendedora me dijo que muchas áreas buenas estaban fuera de los límites debido a que las personas protestaban por los derechos de los caribúes; se supone que algo tiene que ver con las rutas migratorias de los caribúes. Ella me dijo que "esquiara en los calvos en el lago Maligne".

10 minutos después me pasó un extraño. Le pregunté dónde había un restaurante y me recomendó uno. Además, recomendó esquiar los Balds en Maligne Lake. Al día siguiente fui allí, afortunadamente vi a un guardabosques con una lente de cámara gigante que me dijo: "Estaciona en el estacionamiento a la izquierda y esquía en el sendero a la derecha". En el estacionamiento había un esquiador sentado en su auto, esperando a su amigo. Hacía más frío de lo que esperaba. Anteriormente había asado y luego congelado en el lago. Entonces, en esta segunda salida dejé los pantalones cálidos. Esto requería quitarme el traje de una pieza para ponerme los pantalones con aislamiento y luego volver a vestirme con el traje de una pieza. Esto se hizo en el asiento trasero de la camioneta Jeep. Estaba tan ansioso por comenzar el día, pero jugué un poco con mi guardarropa antes de comenzar el camino.

cuello Consigue un tratamiento. Voy semanalmente a un quiropráctico o trato de hacerlo incluso cuando no estoy esquiando.

En el último día de nuestra temporada: (hace 2 meses, y en el oeste todavía están esquiando y todavía está nevando); la estación de esquí local se redujo a 1 carrera. Podría haberlo evitado, pero resultó genial. Seguramente fue mi mayor día vertical en la costa este. Naturalmente, olvidé usar mi reloj con altímetro.

Como se mencionó, fue simplemente la carrera 1 abierta, pero fue la gran carrera, desde arriba hasta abajo. No estaba lleno. El parque de nieve (saltos y rieles) se había ido. Al no haber mucha gente, no había colas para subir al telesilla. Seguí y seguí. Y conocí a un experto en patrullas de esquí en el ascensor; Estábamos en el mismo ascensor dos veces.

El experto de la patrulla de esquí dijo algo sobre "no se puede esquiar mucho" y explicó cómo disfrutaba ser miembro de la patrulla para socializar con los demás miembros. En otras palabras, esquiar por sí solo no puede mantener a uno feliz: tiene sus límites. Y lo vi por primera vez ese día, probablemente en parte porque estuve corriendo por la misma pista de esquí todo el día. Me dio una idea de lo que en última instancia podría estar esperando a uno al alcanzar el nivel de experto.

Volviendo al esquí de travesía: la segunda salida de mi aventura canadiense el mes pasado se produjo después de preguntarle a Jasper dónde esquiar. Una vendedora me dijo que muchas áreas buenas estaban fuera de los límites debido a que las personas protestaban por los derechos de los caribúes; se supone que algo tiene que ver con las rutas migratorias de los caribúes. Ella me dijo que "esquiara en los calvos en el lago Maligne".

10 minutos después me pasó un extraño. Le pregunté dónde había un restaurante y me recomendó uno. Además, recomendó esquiar los Balds en Maligne Lake. Al día siguiente fui allí, afortunadamente vi a un guardabosques con una lente de cámara gigante que me dijo: "Estaciona en el estacionamiento a la izquierda y esquía en el sendero a la derecha". En el estacionamiento había un esquiador sentado en su auto, esperando a su amigo. Hacía más frío de lo que esperaba. Anteriormente había asado y luego congelado en el lago. Entonces, en esta segunda salida dejé los pantalones cálidos. Esto requería quitarme el traje de una pieza para ponerme los pantalones con aislamiento y luego volver a vestirme con el traje de una pieza. Esto se hizo en el asiento trasero de la camioneta Jeep. Estaba tan ansioso por comenzar el día, pero jugué un poco con mi guardarropa antes de comenzar el camino.

Los otros 2 esquiadores me dieron todos los consejos que podían, incluido que debería "considerar visitar el sitio web avalanche.ca" que analiza las condiciones actuales de avalancha. El esquiador dijo esto con una expresión de preocupación en su rostro que transmitía lástima y miedo por mí. Le informé que había estado en el sitio. Por supuesto, no lo había hecho, pero había leído detenidamente el sitio mientras estaba sentado en mi oficina, antes del viaje. No había buscado a los Balds en Maligne Lake la noche anterior en el hotel, ni nunca.

Pero sabía que este invierno era terrible para las avalanchas, ya que las primeras capas de nieve se habían endurecido y más tarde, una nieve más suave había caído sobre las capas congeladas anteriores. Además, un vendedor de Banff se estremeció cuando le pregunté sobre el sendero de esquí de travesía que uno toma si se salta el giro a la izquierda para intentar llegar a la cima del monte Trundle. "No, no, las avalanchas están en todas partes este año, y particularmente en ese camino. Visite avalanche.ca para obtener más información."

De todos modos, de regreso al estacionamiento, ahora vestido abrigado, con los esquís puestos, las botas puestas, etc., crucé la calle y en una pequeña cabaña me puse los esquís. Ya había descubierto cómo operarlos sin tacones: días felices, "Mira mamá, soy un experto". Subí por el camino del fuego, hora tras hora. Había pequeñas ardillas negras visibles durante mis descansos. Descubrí, después de una o dos horas, que el camino de incendios en sí había sido esquiado lo suficiente como para que hubiera una plataforma de nieve ancha y dura. Por ejemplo, podría sentarme en la carretera y luego volver a levantarme empujando contra la superficie de la carretera.

A un lado del camino había nieve no consolidada: imposible esquiar o recuperar la postura una vez sentado. Pero el camino era una superficie razonable y dura. A un lado de la carretera había polvo intacto.

Seguí adelante, hora tras hora. Mi plan de una pausa para almorzar de 1 hora no era factible porque hacía demasiado frío. Estaría sudando con gotas corriendo por mis costillas mientras subía la piel, pero tenía frío al final del descanso de 10 minutos. Quién sabe lo que me haría una hora de estar sentado. Empecé a tomar descansos más grandes, mientras calculaba que al final del día, habría tomado un descanso para almorzar de 1 hora, aunque disperso en segmentos más pequeños: 25 minutos aquí en lugar de 10, o 20 minutos en lugar de 10 , etc.

Pensé erróneamente que era el único que esquiaba por la carretera ese día, como lo demuestran los pasos en la parte superior de las pistas de esquí de hace mucho tiempo. Supuse que los 2 esquiadores se habían ido a algún lugar en un circuito más suave en lugar de arriesgarse a los Balds. Las huellas me engañaron: parecía que 2 personas habían caminado con botas sobre las pistas de esquí desde hace una o dos semanas, pero los esquiadores habían esquiado sobre las huellas profundas.

Finalmente llegué a un cartel que indicaba un atajo a la cima oa los Calvos. Durante toda esta subida había estado preocupada por la bajada: ¿podría esquiar o sería demasiado empinada? ¿Tendría que quitarme los esquís y caminar hacia abajo, tendría que dar un paso al costado, tendría que mantener mis pieles puestas, etc.? Porque no soy muy buen esquiador.

Había dejado a un compañero hambriento sin almuerzo en la habitación del hotel. Y había salido tarde por tener que llenar el jeep de gasolina, por haber recordado 30 minutos fuera que olvidé mis guantes y regresar a la habitación del hotel para recuperarlos, y porque los Balds en Maligne Lake son 90 minutos (alrededor de 1 horas y media) fuera de la ciudad. No, no hay hoteles más cerca de los Calvos: solo bosques.

Subí unos pasos por el atajo antes de darme cuenta de que descender por el atajo iba a ser un gran desafío en comparación con operar en el camino de incendios. El atajo era simplemente dos pistas de esquí hacia arriba o hacia abajo de la montaña: sin espacio para giros. Y calculé que se me acabaría el tiempo antes de llegar a los Calvos. Desafortunadamente, no podría arriesgar mi vida esquiando en una pendiente de avalancha inestable por esquiar en polvo. Renuncié al atajo y regresé al camino de incendios.

Continué hacia arriba, pero finalmente opté por la decisión conservadora de volver a bajar. A pesar de mis dudas, quité las pieles dejando al descubierto las suelas enceradas y resbaladizas de mis esquís, lo que me permitió esquiar mucho más rápido.

No estaba completamente seguro de cómo manejaría el descenso. Pero funcionó maravillosamente, aunque no con mucho corazón. Esquiar todo el camino "haciendo la pizza" para bajar la velocidad era demasiado agotador. Apunté un esquí directamente hacia abajo de la pendiente, pero hacia el polvo a un lado de la carretera y ese polvo redujo la velocidad del esquí considerablemente. Mientras que el otro esquí se mantuvo en una posición de frenado lateral en el camino de fuego alisado.

Al mantener este patrón, pude reducir la velocidad de mi descenso lo suficiente como para esquiar por todo el camino. A veces me movía de un lado a otro de la carretera, siempre con el objetivo de clavar 1 esquí en la nieve polvo al costado de la carretera. Las partes del camino cerca del final no eran tan empinadas y pude apuntar ambos esquís directamente hacia el camino. Y así, al menos 1 esquí a la vez, estaba esquiando polvo. En un momento tomé un descanso, y al ponerme de pie, vinieron esquiando directamente hacia abajo a gran velocidad, en pistas en la nieve polvo, los 2 esquiadores que había visto en la mañana.

Muy bien, había leído mal las huellas en las pistas de esquí por la mañana. Yo no era el único en el camino. Estaba completamente de lado con mis esquís, bloqueando la mayoría pero no todo el camino de incendios. Delante de mis esquís había 2 pistas de esquí en polvo. Escuché al primer esquiador corriendo cuesta abajo. Pensé que iría detrás de mí, pero se quedó en las pistas de esquí a centímetros de mí. Yo estaba, como dicen, pasmado (atontado, estupefacto) y no pude retroceder. El primer esquiador pasó volando justo en frente de mis esquís. El esquiador de 2d gritó, "un poco de ayuda", lo que significaba que retrocediera un poco. No lo hice: de nuevo, estupefacto.

A partir de ahí, la pendiente era aún menos pronunciada, y regresé al estacionamiento a tiempo: los 2 esquiadores estaban esperando. Me disculpé por no apartarme de su camino y no estaban nada agitados por eso. Sospecho que estaban esperando allí para ver si bajaba con éxito el camino o no. Fueron muy amables.

Pregunté por el ancho de sus esquís y uno tenía el mismo ancho que el mío, 106 mm en la cintura, "pero probablemente diferente en la punta y la cola". Cualquier cosa, supongo, para distanciar su equipo experto del mío. El largo viaje de regreso, la llave de mi hotel no funciona, el compañero hambriento ya pasó la hora del almuerzo y no me deja entrar a la habitación, actualizando la llave en la oficina del hotel, saliendo a buscar comida coreana, etc.

Había sobrevivido al día, estaba viva. Desafortunadamente, me dañé las dos uñas de los pies a pesar de haber ajustado ambas botas a su posición más ajustada. Esto significaba que la configuración de mi arranque no era aceptable. Al día siguiente busqué ayuda en las tiendas locales mencionadas anteriormente.

Me preocupaban las uñas de mis pies lastimadas porque no podría seguir practicando esquí de travesía; no si significaba perder las uñas de los pies cada vez que lo intentaba. Pero con la ayuda de 3 jóvenes expertos, creo que se han solucionado los problemas del equipo. Desafortunadamente, esquiar en el resort no revelará fallas en mi configuración de AT; es necesario salir y pasar un largo día en las montañas para comprobar el sistema.

Ahí lo tiene: vístase abrigado, compre esquís para evitar hacer cola durante 1 hora en el resort. Lo había hecho hace años con mis hijos. No me importaba entonces, pero me importaría ahora. Vístete abrigado, diviértete, aprende en el resort. Sí, el primer día será estresante, pero hacerlo entrenará el cuerpo y en poco tiempo me pasarás por las pistas.

PARTE 2

❖

Rodillas

Esquié durante algunas temporadas y estaba llegando al final de una gran temporada. Salí afuera a tirar la basura. Yo estaba usando toboganes (zapatillas). Tropecé con un pavimento roto y me torcí la rodilla. Y luego me empezó a doler la rodilla. y duele Y de repente se encendería en varios momentos. No estaba mejorando.

Esto fue justo en el pico del susto covid. Los gimnasios estaban cerrados. Olvídese de encontrar cualquier equipo de entrenamiento en línea: todo estaba agotado. Sabía que la máquina de extensión de flexión de rodilla ayudaría a mi rodilla.

Para volver atrás; cuando comencé a escalar en New River, recuerdo que me dolía una u otra rodilla durante mis largos viajes de regreso después de escalar allí. Y encontré un anuncio en la revista "The New Yorker" que mostraba un banco de pesas de flexión y extensión de rodilla. Un ex jugador de fútbol americano de la NFL que aparece en el anuncio explicó cómo este ejercicio de banco previno las "rodillas de fútbol americano".

Entonces, conseguí el banco y lo usé. Yo tenía unos 28 años. Y si alguna vez conseguí un banco de pesas, me aseguré de que tuviera el accesorio de flexión/extensión de rodilla. Y prácticamente usé esa máquina de vez en cuando, pero sobre todo, durante décadas. Durante gran parte del tiempo tuve un banco en mi oficina. En ese entonces nunca se me ocurrió ponerle pacientes: era solo para uso personal.

Y evitó que me dolieran las rodillas. Hubo momentos en que saqué el banco de mi oficina para hacer más espacio (lo mantuve en rayos X). Y hubo momentos en que compartía un apartamento o alquilaba una habitación, y era más fácil usar la máquina de piernas en el gimnasio que tener una en mi residencia. Pero lo usé una o dos veces por semana.

Hasta que el susto del covid, y los gimnasios estaban cerrados, y esquiaba demasiado, me tropecé y me lesioné la rodilla. Probé la acupuntura. Ayudó: un poco, se sintió mejor: la acupuntura es tan poderosa como vaga. Pero pasaba por encima de una escalera que estaba en un porche y de repente sentía un dolor relámpago en la rodilla. Fue doloroso.

Finalmente, la escasez en línea disminuyó: encontré un banco de extensión/flexión de rodilla en línea antes de que abrieran los gimnasios. O tal vez los gimnasios abrieron primero. Y cada vez que usé la máquina, mi rodilla mejoró. Todavía dolía, pero se sentía mejor. Volví al régimen de hacer extensiones/flexiones de rodilla dos veces por semana. Y, con los años, mi rodilla mejoró siempre que hago el ejercicio de flexión/extensión dos veces por semana, me siento perfecta en mis rodillas. A veces estoy demasiado cansada para hacerlo, incluida la semana pasada (trabajando con un resfriado). Pero casi siempre, si me siento bien, lo hago. También hago acupuntura en mi rodilla izquierda dos veces por semana. Combino la acupuntura de rodilla con la reducción del apetito, tratando de reducir mi peso. Han pasado los años y en la mayoría de las semanas, golpeo la máquina dos veces y hago acupuntura dos veces por semana para ayudar a la rodilla.

Recientemente, en un telesilla, me senté al lado de un profesor; tal vez en una universidad en Delaware; era profesor de neurocirugía biomédica o algo así. Investigó y su gran aporte al mundo fue recomendar ejercicio y pérdida de peso para sanar las rodillas. Um, sí, si uno puede perder peso, ayudará. He estado a dieta durante 20 años, y he sido más pesado y he sido más ligero. Le hablé de la máquina de flexión/extensión de rodilla: no pareció impresionado. Estaba nervioso al decirle que la idea no se dispararía por todo el país y me quedaría sin crédito por ello.

Para las extensiones de rodilla, comience con un peso bajo, bastante bajo, y aumente lentamente. Lo he mantenido en 50 libras. largo de las décadas. No se trata de fortalecer los músculos de los muslos. Si uno pone el peso en 200 o 300 libras, porque eso es lo que pueden hacer los músculos del muslo, uno puede desgarrarse o dañarse la rodilla. Por lo tanto, manténgalo en 50 libras. Para las extensiones de rodilla. He trabajado hasta 150 repeticiones. Trabaje lentamente si es nuevo en esto; incluso si eres levantador de pesas y especialmente si no lo eres.

Para la flexión de la rodilla (doblar la rodilla hacia atrás), mantenga la mitad de las repeticiones y la mitad del peso utilizado para la extensión de la rodilla (estiramiento de la pierna). Entonces, 75 repeticiones con 25 lbs. Algunas máquinas de pesas en el gimnasio pueden ser tan obviamente más fáciles o más difíciles que el peso debe ajustarse un poco. Para el banco plano de mi oficina, usé 150 repeticiones con 50 lbs. mientras está sentado. Luego, me acuesto boca abajo y hago curl inverso (flexiono) mis rodillas 75 veces con 25 lbs. de peso en la máquina. No es gran cosa, a menos que me olvide de hacerlo.

A veces hago estos pesos cuando estoy de viaje, pero a menudo no lo hago. Regresé de mi primera cirugía de mano en Tailandia a la oficina de un médico ahora jubilado aquí en el norte de Virginia. No había hecho ejercicios de rodilla ni acupuntura en mis rodillas durante mi viaje; Estaba demasiado ocupado con la mano operada. Finalmente, fui a la oficina del médico para quitarme los puntos de la mano. Anticipándome a la remoción de la sutura, había tomado 2 analgésicos de medicamentos posoperatorios.

Al salir de mi auto y dirigirme al edificio bajo de ladrillo rojo del MD, noté que mis rodillas se sentían notablemente más cómodas debido a los analgésicos. Y me di cuenta de que tenía un dolor en las rodillas del que no me había dado cuenta porque, de todos modos, se sentían así todo el tiempo. No había hecho la flexión/extensión de rodilla durante mi tiempo en Tailandia y eso explicaba el dolor inusualmente incómodo en mis rodillas. El punto es que las rodillas pueden estar adoloridas e incómodas y uno no se da cuenta ya que el dolor siempre está presente.

A veces, después de la extensión/flexión de la rodilla, me duelen un poco las rodillas por la tarde. Pero al día siguiente, se sienten claramente mejor. Durante el primer o segundo año después de la lesión, mientras esquiaba, siempre podía sentir que la rodilla izquierda me dolía un poco. Y todavía veo la rodilla derecha como más fuerte que la rodilla izquierda. Pero por ahora, ninguna rodilla duele. Por lo tanto, siga con la flexión y extensión de la rodilla dos veces por semana. Agregue acupuntura dos veces por semana o al menos regularmente.

Por lo general, una vez por semana voy al gimnasio por un día de pierna: lo que ocurre cada 4 días en el gimnasio. Es un día solo para piernas; uno descansa los brazos. Hago algunas sentadillas, una prensa de piernas y luego las máquinas de extensión y flexión de piernas. Como estoy en el gimnasio, haré algunos abdominales. Ese ha sido mi entrenamiento diario de piernas durante décadas.

Parte 3

Use aparatos ortopédicos: obtenga SPS/niveladores de pies de un quiropráctico. Los hacen en ¾ de longitud o de longitud completa. Estos soportan táctica y estáticamente los arcos del pie. Ese gran arco en el pie se aplanará con el tiempo; por el peso que baja del cuerpo al pie; y del pie parado sobre superficies planas y duras: "concreto vertido". Si camináramos en una playa o césped, las ortesis serían menos necesarias. Tal vez no los necesitaríamos en absoluto.

El hueso de la espinilla entra en la articulación del tobillo en ángulo recto, en un ángulo de 90 grados. El uno es perpendicular al otro. Tal reunión de huesos ocurre muy raramente en el cuerpo. Permite que el peso del cuerpo aplaste los arcos de los pies. Las personas que pesan 130 libras. o menos puede pasar sin ellos. Tal vez 140 libras o 150 libras; No estoy seguro del corte exacto. El resto de nosotros los necesitamos. Debo tenerlos para mis rodillas. Una vez que el pie se aplana, el ángulo del hueso de la espinilla cambia para seguir el colapso del arco. Este cambio en el hueso de la espinilla se transfiere a una tensión desigual donde el hueso de la espinilla se encuentra con el hueso del muslo.

El hueso de la espinilla presenta una mesa, la meseta tibial, donde se apoya el hueso del muslo. Si la meseta se inclina hacia un lado, habrá problemas en las rodillas. Párese descalzo sobre una superficie dura; deje que el arco del pie se hunda; ahora arquee hacia arriba: observe cómo se mueve el hueso de la espinilla para seguir la altura del arco. Este cambio en la posición del hueso de la espinilla termina afectando la parte superior del hueso de la espinilla donde forma la meseta tibial, la mesa que comprende la mitad inferior de la articulación de la rodilla. Si la meseta tibial no está nivelada, habrá dolor en la rodilla.

La articulación de la rodilla es una articulación del ginglymus; es decir, es una junta de bisagra: piense en la bisagra de la puerta. No está construido para un margen de maniobra excesivo. No es una articulación floja como el hombro o la muñeca. Va directo hacia adelante y hacia atrás. Pararse sobre él con la mitad inferior inclinada hacia un lado dolerá. Solucione esto usando aparatos ortopédicos.

Los niveladores de pie se promocionan a sí mismos como los mejores aparatos ortopédicos porque tienen 3 protuberancias para soportar los 3 arcos del pie. Hay otras ortesis duras que consisten básicamente en una copa de talón y un arco duro que fluye que soporta el arco grande del pie. Estos son mejores que nada, mejor que ninguna ortesis. Pero está el pequeño arco en el costado del pie, y un arco un poco más grande debajo de la bola del pie que los arcos duros esencialmente ignoran.

A veces, estos soportes de arco rígidos son extremadamente caros. Es un caso raro de algo que cuesta más pero no es tan bueno.

Las ortesis niveladoras de pie pueden tener una cuña en el talón para combatir la pronación o supinación del pie. La compañía colocará esto dependiendo del molde del pie. También pueden construir un pequeño anillo de herradura de soporte alrededor del exterior del talón para aliviar los espolones del talón.

Una ortesis de longitud completa brindará más amortiguación y apoyo que una ortesis de ¾ de longitud, pero tenga cuidado de que los dedos de los pies tengan espacio en la parte delantera del zapato si están sentados encima de una ortesis. Principalmente usé ortesis de ¾ de longitud en mis zapatos de vestir, pero una ortesis de longitud completa en mis zapatillas de tenis. Tengo un par de zapatillas de tenis que uso cuando levanto pesas en el gimnasio: tienen ortesis completas. Para las botas de esquí o las botas de escalada en hielo, suelo usar ortesis de ¾ de longitud. Y me quito las ortesis una vez que termina el invierno.

Durante décadas llevé un par de sandalias Teva al zapatero, y él les pegó un par de ortesis de ¾ de largo: puso el talón de la ortesis exactamente alineado con el talón de las Tevas. Caminé todo el día en ellos. Los usé alpinismo en Tetons, Canadian Rockies, y mientras escalaba en Joshua Tree, California y West Virginia. Pero mis pies se hincharon durante los fines de semana cargando la mochila pesada mientras escalaba rocas en West Virginia. De alguna manera, un zapato (con ortesis en el interior) brinda más apoyo a los pies que los Tevas solos. Pero aún podría usar los Tevas como un zapato informal. Y son una ganga a $40. Algunos Tevas son más caros, pero se enroscan hacia arriba en los bordes, lo que hace que la grava y la arena se acumulen en ellos y no se caigan.

En años posteriores, pasé de las sandalias Teva a los zapatos para el agua. La empresa Teva los fabrica, al igual que Keene, o muchas otras empresas. Es una sandalia al aire libre que incluye una puntera. Tal vez mi talla de 15 pies de 64 años se vea un poco mejor cubierta un poco. Puedo caminar durante horas con estos zapatos. Por lo general, yo uso calcetines con estos para evitar que la ortesis roce contra la parte inferior de mi pie.

Las ortesis permanecen adheridas a la sandalia o al zapato para agua durante la vida útil del zapato. No los uso en el agua ya que el agua aflojaría el trabajo de pegamento ortopédico. Trato de no pasar demasiado tiempo bajo la lluvia con estas sandalias o zapatos para el agua. A veces se llueve un poco.

Si uno coloca una ortesis en una zapatilla de tenis, logra la mejor situación de soporte de peso. Además, es importante tener ortesis en un zapato mientras anda en bicicleta, especialmente si el zapato de la bicicleta se engancha en el pedal de la bicicleta. Si está de vacaciones, evite pedalear descalzo en un bote o en una bicicleta, para evitar una fractura por estrés en el pie.

No use una bota de esquí grande y de plástico duro sin una ortesis personalizada.

Parte 4

Mantenga el talón del zapato nivelado y nuevo. Para los zapatos de vestir caros, pídale a un zapatero que coloque tacos en el talón exterior del zapato. Esto evitará que el talón se desgaste de manera desigual. Una vez que eso ocurre, es como si alguien clavara una pequeña cuña debajo del pie y esto transferiría una fuerza desigual a la articulación de la rodilla.

Algunas personas grandes, larguiruchas y de piernas duras pueden usar botas desgastadas sin lastimarse las rodillas. No sé cómo sucede esto. Ingnóralos. Mantenga los talones nivelados.

Prefiero tacos de acero a tacos de nailon. A veces, los tacos de acero resbalan sobre una superficie dura, especialmente una superficie dura mojada, por ejemplo, en el piso duro de un centro comercial, una tienda en un centro comercial o en el piso duro del gimnasio cerca de la salida. Los tacos de nailon no resbalarán, pero deben reemplazarse con bastante regularidad.

Si estoy caminando en una acera con tacos de nailon, los siento rechinar con cada paso. Utilicé tacos de nailon durante años en mis zapatos de vestir antes de que el zapatero finalmente los reemplazara con nuevos tacos de acero.

Hice que me pusieran tacos de acero en los tacones de mis botas de senderismo Timberland. Uno finalmente se rompió y el zapatero lo reemplazó. Póngalos en el maletero mientras es nuevo.

A veces, mientras camino por una biblioteca o un pasillo, una mujer me pregunta si llevo tacos de baile en los zapatos. Los grifos de acero pueden hacer un chasquido distintivo al caminar. Finjo que son espuelas y yo soy un vaquero.

No camine sobre el bonito piso de madera pulida de alguien mientras usa taloneras de acero. Quítese los zapatos aunque el amable anfitrión le asegure que no es necesario. Están subestimando el rayado que los grifos de acero producirán en el suelo.

Los talones de acero perforarán las alfombrillas baratas de su coche. Encuentre algunos tapetes Lexus viejos de un Lexus desechado y péguelos en el piso del auto del lado del conductor.

Me resbalo un poco mientras uso tacos de acero, pero he aprendido a caminar con cautela sobre superficies de baldosas duras. Si alguna vez me caigo por resbalar con ellos, podría reconsiderar usarlos; pero por ahora los prefiero a reemplazar los grifos de nylon.

Un zapato de vestir bien hecho tendrá un tacón de roble macizo o de goma. Estos zapatos pueden ofrecer un apoyo saludable durante décadas. El talón permanecerá nivelado si se protege con un talón. Probablemente $400 o más, lo que suena caro; pero como se ven geniales y si duran 10 o 20 años de uso intensivo, son una ganga.

Las zapatillas de tenis tienen ese talón suave y cómodo que las hace ideales para correr. Con el tiempo, el talón se compactará, dejando una almohadilla desigual para el pie. No te guíes por la suela de la parte inferior de la zapatilla de tenis, ya que el talón se compactará mucho antes de que la suela se desgaste.

En el útero, la pierna comienza mirando hacia atrás. Se da la vuelta lentamente para mirar hacia adelante. Pero nunca llega hasta el final; es normal que el pie tenga un pequeño ensanchamiento hacia afuera. En la forma de andar de una persona promedio, el golpe del talón se produce ligeramente en la parte exterior del talón. Y en una zapatilla de tenis, esa zona se llenará. No tiene sentido ponerle un toque al talón a una zapatilla de tenis, ya que el material suave y cómodo del talón se empaquetará de todos modos.

Una vez que esto sucede, el zapato lastimará la rodilla, la espalda o el pie. Use tenis 60 días antes de reemplazarlo. Esto significa que no quiero tenis caros. Además, peso 203 libras; una persona más liviana puede obtener más días con sus tenis. Desafortunadamente, esto también se aplica a las botas de montaña que tienen un talón blando, hueco e irremplazable. Esas botas son geniales cuando son nuevas, pero con el tiempo se llenarán del costado del talón, al igual que una zapatilla de tenis. Por lo tanto, evite gastar $ 270 en una bota de montaña que no se puede rebobinar.

Las botas Timberland tienen tacones sólidos, y esto les permite lucir un toque en el talón. Las botas Danner, al menos algunos modelos, tienen un tacón macizo que permite la colocación de un talón sobre ellas. Las botas de nuevo estilo, que son un cruce entre una zapatilla de tenis y una de senderismo, se ven geniales, pero no brindarán apoyo anatómico después de 600 millas. No rompa el banco con un zapato así: es mejor gastar menos y reemplazar el zapato con un par nuevo una vez que se descomponga.

Cualquier zapato requerirá buenos cordones apretados para sostener el pie. No corras con zapatos sueltos. No camines en ellos. Si uno se pone y se quita las zapatillas de tenis, prepárese para el dolor de rodilla. Lo mejor es atar cómodamente el zapato cada vez que lo use.

Nada de esto se aplica a las pantuflas o chanclas livianas: úsalas hasta que se acaben las suelas. No hay talón que quede debajo de un lado del pie una vez que el otro lado del talón se haya desgastado. Llevo 7 años usando la misma sandalia tipo pantufla/tobogán y no las reemplazaré. El pie no se comprime en una chancleta. Es casi lo mismo que andar descalzo, excepto que la planta del pie no tiene que tocar el suelo.

En la década de 1970, todos estábamos entusiasmados con caminar descalzos. Salí a caminar por un camino pavimentado con un amigo. Anduve descalzo, pensando de todos modos, si me duelen los pies, se endurecerán. Eso fue un error. Tenga cuidado de caminar descalzo afuera. Recogí algunos bultos y una verruga en la planta de mis pies al hacer eso. Probablemente nunca me quitarán esos bultos quirúrgicamente. Sería bueno tener suelas normales, lisas y sin defectos.

Para resumir, para sanar sus rodillas: (1) haga las pesas de flexión y extensión sentado, (2) use aparatos ortopédicos, (3) mantenga los zapatos relativamente nuevos o equipados con tacos, (4) acupuntura regular, (5) tome un nutrición de apoyo para las articulaciones, como sulfato de condroitina, y (5) siempre use sus zapatos bien atados.

Nunca me molesté en reemplazar o proteger los tacones de mis zapatos de bicicleta, ya que se enganchan en los pedales de la bicicleta con una cala de metal. No camino mucho en ellos. No he cambiado el talón de mis botas de esquí por la misma razón: se enganchan en una fijación de esquí. Camino en ellos solo desde el estacionamiento hasta la pista de esquí. Algunas botas tienen un área de impacto del talón reemplazable; podría ser una buena idea reemplazarlo, pero las botas de esquí son tan incómodas para caminar que no me preocupo mucho por la zona de impacto del talón.

Eventualmente, las botas de escalar en hielo podrían necesitar un cambio de tacón si uno camina muchas millas con ellas. Por lo general, tiro las sandalias y los zapatos para el agua con la misma frecuencia que los tenis, aunque sus tacones pueden ser más gruesos y estar hechos de una goma más sólida.

EPÍLOGO

En resumen final, para ser claros; Los canadienses se burlarían de que me perdiera en su lago: mis errores eran tan numerosos como para hacer reír a un esquiador competente. Sin embargo, por favor, si eres nuevo en las montañas, no cargues como lo hice en la narración anterior. Muchas de mis llamadas cercanas fueron sobrevivientes debido a toda una vida que pasé de mochilero y escalando, fallando miserablemente y luchando en montañas, grandes y pequeñas. Tomar con calma; no cargues por encima de tu cabeza; mantenga su seguridad personal primordial en todas las aventuras. Las montañas estarán llenas de llamadas extremadamente cercanas, incluso si lo toma poco a poco, sin apenas entrar en ninguna situación de riesgo. Las montañas tienen dientes. No asuma, porque fui inepto en mis viajes, que un principiante puede o debe saltar sobre glaciares o montañas nevadas en el invierno.

www.ingramcontent.com/pod-product-compliance
Lightning Source LLC
LaVergne TN
LVHW020450070526
838199LV00063B/4902

www.ingramcontent.com/pod-product-compliance
Lightning Source LLC
LaVergne TN
LVHW020450070526
838199LV00063B/4902